Mamut
o humanoide

PROFIT editorial

Profit Editorial, sello editorial de referencia en libros de empresa y management. Con más de 400 títulos en catálogo, ofrece respuestas y soluciones en las temáticas:

- Management, liderazgo y emprendeduría.
- Contabilidad, control y finanzas.
- Bolsa y mercados.
- Recursos humanos, formación y coaching.
- Marketing y ventas.
- Comunicación, relaciones públicas y habilidades directivas.
- Producción y operaciones.

E-books:
Todos los títulos disponibles en formato digital están en todas las plataformas del mundo de distribución de e-books.

Manténgase informado:
Únase al grupo de personas interesadas en recibir, de forma totalmente gratuita, información periódica, newsletters de nuestras publicaciones y novedades a través del QR:

Dónde seguirnos:

 | @profiteditorial

  | Profit Editorial

Ejemplares de evaluación:
Nuestros títulos están disponibles para su evaluación por parte de docentes. Aceptamos solicitudes de evaluación de cualquier docente, siempre que esté registrado en nuestra base de datos como tal y con actividad docente regular. Usted puede registrarse como docente a través del QR:

Nuestro servicio de atención al cliente:
Teléfono: **+34 934 109 793**
E-mail: **info@profiteditorial.com**

ALBERT RIBA

Mamut o humanoide
De la extinción a la IA

**Prólogo de
Juan Bautista Renart Montalat**

PROFIT
editorial

© Albert Riba, 2025

© Profit Editorial I., S. L., 2025
Cubierta: XicArt
Maquetación: Fotocomposición gama, sl

ISBN: 978-84-10235-84-7
Depósito legal: B 2053-2025
Primera edición: Abril de 2025

Impresión: Gráficas Rey
Impreso en España – *Printed in Spain*

*Muchas gracias a todas esas personas
que de alguna forma u otra, con ayuda
o incluso con alguna zancadilla,
me habéis ayudado a llegar hasta aquí.*

*Algunas personas sabéis que siempre digo:
«Soy lo que haré», porque lo que haré es lo que me
define, me hace ser, crecer y evolucionar.
Por esta razón, solo os pido una cosa.*

*Por favor. Cuento con vosotros para que ni me relaje,
ni afloje, ni tire la toalla y, si por cualquier razón lo
hago, cuento con vosotros para volver a levantarme.*

Gracias a todos y todas.

ÍNDICE

PRÓLOGO

Feliz viaje de a la transformación

La historia de la evolución es, ante todo, un relato de transformación constante desde los orígenes del universo, a través de innumerables cambios que han moldeado el curso de la vida y de la humanidad. Sin embargo, resulta fascinante imaginar cómo todo este legado, detallado y que ha llegado hasta nuestros días, se ha convertido en aprendizajes que cada etapa nos ha dejado.

Este pensamiento se vincula directamente con el mensaje central de *Mamut o humanoide*: una invitación a observar y comprender el cambio como motor esencial de nuestra existencia.

En los últimos 30 años, la velocidad del cambio ha alcanzado niveles sin precedentes, impulsada principalmente por la revolución tecnológica. Este vertiginoso avance ha transformado nuestra manera de comunicarnos, trabajar y proyectarnos hacia el futuro.

Sin embargo, no todos los caminos de la evolución conducen a un progreso lineal. Las respuestas a los desafíos de nuestra era, como la integración de la inteligencia artificial, dependen de la capacidad de cada individuo para adaptarse y aprovechar estas transformaciones.

Albert Riba, con su estilo directo y reflexivo, nos invita en este libro a explorar una nueva etapa en nuestra evolución. Tras su pausa creativa -que me contaba en nuestras conversaciones-, marcada por años de trabajo en proyectos sociales y empresariales que he tenido la fortuna de conocer desde nuestra juventud, y por la introspección que le aporta su conexión con la vida monástica, decide «cambiar de opinión y volver a la tecnología».

Es un regreso, atrevido como él suele ser. Es una reconceptualización de toda su experiencia profesional y personal, tejida en torno a un tema central que ahora nos presenta. En sus palabras, este libro surge del deseo de integrar sus aprendizajes en un marco que combine transformación personal, liderazgo y tecnología.

La metáfora del mamut y el humanoide captura esa dualidad que todos enfrentamos: mantenernos anclados en lo conocido y lo confortable o avanzar hacia lo incierto, abrazando herramientas y conceptos que pueden llevarnos más allá de nuestros propios límites.

La riqueza de este libro no solo reside en la claridad con la que Albert aborda temas complejos, sino en su capacidad para unir lo humano y lo técnico.

Como lectores, encontramos un puente entre la nostalgia por un pasado más simple y la fascinación por un futuro complejo y moldeado por la inteligencia artificial. Pero no se trata solo de tecnología; Albert pone el énfasis en la mentalidad que necesitamos para liderar estos cambios, ya sea en nuestras vidas o en nuestras organizaciones.

En esta obra, Albert nos propone un viaje en siete bloques cuidadosamente diseñados para inspirarnos a reflexionar, aprender y actuar. Desde los retos iniciales de la evolución hasta el potencial transformador de la inteligencia artificial, cada página nos invita a adoptar una visión estratégica y proactiva ante los cambios que vivimos.

El otro día, en una de nuestras llamadas telefónicas, le dije: *Albert, ¿qué será lo próximo después del humanoide?*

Dejo esta pregunta abierta, como un desafío al lector.

La verdadera clave está en nuestra capacidad para construir, aprender y liderar colectivamente la próxima etapa de la evolución.

Queridas lectoras y lectores, os dejo en las mejores manos para iniciar este fascinante recorrido. Que cada capítulo de *Mamut o humanoide* os inspire a evolucionar, no solo como individuos, sino como parte de una sociedad que busca trascender.

Feliz viaje a la transformación con la IA.

JUAN BAUTISTA RENART MONTALAT
CEO Vichy Catalan Corporation

INTRODUCCIÓN

En el año 2017, cuando se publicó mi tercer libro *Tropa Sapiens*, dije que la trilogía *Sapiens*, iniciada con *Mamut o Sapiens* en 2013 y seguida de *La parálisis que activa* en 2015, debía llegar a su fin. Después de reflexionarlo con mucho esmero y dedicación, llegué a la conclusión de que mi capacidad creativa, junto con una propuesta de valor que me satisficiera, no alcanzaría el nivel que esperaba; por esta razón, decidí aparcar esta colección de libros sobre mis mamuts y mis *sapiens*.

A finales de 2018, después de muchas conversaciones con un amplio y diverso abanico de personas, hallé un espacio para seguir evolucionando el modelo de una forma que me apetecía, y ese lugar fue la vida monástica. Un entorno que había incorporado en mi vida hacía años y que aportó grandes beneficios a mi proceso de evolución, tanto personal como profesional.

Fue entonces, y con la ayuda de mi apreciado *pare* Ignasi Fossas de la Abadía de Montserrat, cuando empecé un viaje de investigación sobre cómo todas estas prácticas milenarias podían ayudar a transformar, a liderar y a trascender a personas y organizaciones. Fue un reto apasionante de crecimiento que me llevó a publicar *Conexión Monástica* en 2020, en el que añadía la trascendencia monástica a la transformación personal y organizacional.

De 2020 a 2024 me dediqué a los proyectos empresariales, y la parte creativa relacionada con los libros quedó aparcada o focalizada en otro tipo de escritos que tengo entre manos. Sin embargo, a principios de 2024 y motivado por esos proyectos, me dije: «*Toca volver*».

Aunque no me había ido nunca, decidí volver, y para ello debía revocar una decisión importante que tomé en el año 2010, cuando sufrí una parálisis facial provocada por el síndrome *burnout* (estado mental de agotamiento físico, emocional y mental causado por estrés prolongado en el trabajo). Fue una decisión clara e innegociable, aunque no sé si clarividente. Me planteé que no quería seguir ofreciendo solo tecnología a mis clientes. Quería hacer otras cosas, como compartir proyectos de emprendimiento, transformación, innovación, culturales, etc.

A principios de 2024, hablé con Ramon Leiro, mi gran amigo y socio, que me conoce muy bien y con quien mantengo una relación sin filtros. Quedamos para tomar un café y le comenté que quería recuperar todos mis casi 30 años de experiencia inmersiva en tecnología y añadirla a los libros y a nuestros proyectos.

Él me insistió en que nunca dejé la tecnología, simplemente dejé de ofrecerla a mis clientes.

Mi respuesta fue contundente: «*Aceleremos la inteligencia artificial para todo, añadámosla al método para ir un paso más allá del people analytics e integrémosla al máximo en todas nuestras soluciones, sobre todo con inteligencia generativa y predictiva. Sé que ya tocamos este tema, pero nos falta la vuelta de tuerca e incorporarla al 100% en nuestra visión estratégica, en nuestras soluciones y en nuestra práctica diaria*».

Se mostró convencido de que ya debía haber empezado a hacerlo.

Fue entonces, entre enero y abril del 2024, cuando empecé una reconceptualización de mi experiencia profesional, de los libros, de las conferencias, de las formaciones, de los acompañamientos, de las colaboraciones con radio y prensa, de los retiros monásticos y de lo trabajado con alto rendimiento, y empecé a bucear en este mar de oportunidades.

Comencé a trabajar con los textos y a experimentar cómo quedaban mejorándolos con ChatGPT y otras herramientas de conversión texto a texto, enriqueciendo mi estilo narrativo.

Tomé los dibujos de las portadas de los libros y empecé a crear imágenes, fotografías y pósteres que me permitían generar una nueva realidad visual.

Recuperé el *booktrailer* de *La parálisis que activa* que hicimos en 2015 y me dediqué a crear vídeos de todo con la inteligencia generativa y, de repente, se abrió otro nuevo mundo de la comunicación digital.

Cansado de verme en tantos vídeos, empezamos a añadir avatares de todo el equipo y los empezamos a incorporar en nuestros programas de formación y capacitación que impartíamos a empresas.

Analicé todos los pódcasts que había creado sobre *El Claustro*, los traduje al inglés y los convertí en documentos de texto que ofrezco a mis seguidores.

Posteriormente, y durante unos días, no paré de incordiar a mis socios Ramon, Vanesa y Josep, pues, realmente, volver nos permitía dar un gran salto hacia adelante que nos posicionaba en otro escenario distinto y de mucho más valor.

¿Y cómo salimos de todo este trabajo?

Transformamos todas las conferencias y los programas de formación. Además, preparé otra conferencia titulada «Transformando organizaciones con IA», que ha fue preparada casi íntegramente con inteligencia generativa.

Comencé a crear dos nuevas imágenes corporativas, tanto mía como de mis proyectos, y creé dos portadas con dos estilos distintos.

Una de las portadas incluye una imagen mía, pero con diez años más, dentro de una cueva. A mi derecha, un mamut, y, a mi izquierda, un robot humanoide. Una en formato informal y otra en formato profesional.

La segunda portada se convirtió en lo siguiente: emulando esa imagen de la evolución del mono hasta llegar a *sapiens*, sustituí el mono y el *sapiens* por un mamut y un humanoide, aunque delante de todo aparecen un hombre y una mujer que lideran la evolución.

Analizando todo este material, me convencí de que el nuevo libro debía titularse: *Mamut o humanoide.*

¿Por qué pasé de Mamut o Sapiens a Mamut o humanoide? Porque esta transformación inicial se ha convertido en evolución y trascendencia. Porque la mentalidad de evolución es lo que se agrega a todo el trabajo realizado y que os iremos contando, que habla de cambio, transformación, liderazgo, alto rendimiento y tecnología.

En lo que estáis empezando a leer encontraréis un abanico de conceptos y teorías, de metodologías, de procesos y, cómo no, de herramientas tecnológicas que os servirán para transformar vuestras organizaciones.

Hace miles de años, los mamuts se extinguieron porque el entorno los acabó eliminando de la tierra. En cambio, los *sapiens* se tansformaron y modificaron el entorno para que este se adaptara a ellos.

Y, ahora, los humanoides han venido para ayudarnos a seguir evolucionando, para aplicar más y mejor tecnología, pero, en definitiva, para asistirnos y acompañarnos.

La historia de la evolución nos demuestra que siempre ha habido avances y cambios radicales, pero el ser humano siempre los ha sabido aprovechar. Gracias a ello hemos mejorado como sociedad, porque hemos sabido utilizar las nuevas tecnologías como nuevas herramientas.

Hemos evolucionado del hacha de piedra del *sapiens* al *prompt* de la IA y, actualmente, los humanos podemos utilizar esta nueva tecnología para añadirla a la inteligencia humana.

¿Qué vais a encontrar en este libro?

Una vez leído el prólogo y esta introducción, encontraréis un cuerpo de libro en el que explicaremos en siete capítulos el viaje que realizaremos. Son los siguientes:

1. Involución o evolución
2. Apostando por la mentalidad *sapiens*
3. Método científico para digitalizar
4. Del mamut al humanoide
5. Grandes aprendizajes, mejores evoluciones
6. Proyectos y casos de éxito
7. Conclusiones

En el primer capítulo, *Involución o evolución,* veremos cómo durante la evolución de la historia y de nuestras vidas, las personas siempre tropezamos con la misma piedra y, al final, dependiendo de lo que hagamos con ella, nos transformamos más o menos.

Después consideraremos qué podemos hacer para revertir estos tropiezos y convertirlos en oportunidades, aprendiendo a parar y a observar lo que realmente nos rodea.

Y definiremos lo que llamamos *los tres anillos,* aquellas tres preguntas con las que debemos *comprometernos* para ser siempre fieles a nosotros mismos mientras vamos evolucionando.

En el segundo capítulo, *Apostando por la mentalidad* sapiens, hablaremos sobre los motivos por los que las personas cambian realmente, y conectaremos esta forma de actuar con dos tipos de mentalidad: la mamut o la *sapiens.*

Iremos un paso más allá de la mentalidad y analizaremos cuáles son los motivos que hacen cambiar a las personas, debatiendo si son las aptitudes, las actitudes o, realmente, las inquietudes.

Y para acabar este capítulo, explicaremos la relación entre la transformabilidad y las 10 inquietudes vitales para adaptarse y emprender.

En el tercer capítulo, *Método científico para digitalizar,* veremos cómo una demanda que nos realizó un cliente en México fue la chispa que encendió nuestra visión para ir un paso más allá del modelo y apostar por crear un método.

Buscamos la manera de codificar la mentalidad intangible para convertir nuestro modelo publicado en unos libros en un método científico objetivo que ahora, en medio de procesos de cambio, nos permite medir para personalizar y acompañar.

Y esto nos abre la oportunidad de adentrarnos en la analítica de datos y en la inteligencia artificial predictiva con datos más consistentes y fiables.

El cuarto capítulo, *Del mamut al humanoide,* lo dedicamos a la importancia de la digitalización en los procesos actuales de transformación que vivimos las personas y las organizaciones, viendo cómo conecta la extinción y la evolución con el *boom* de la inteligencia artificial.

También repasaremos y analizaremos cuáles son las capacidades reales de la IA y cómo podemos potenciar sus aplicaciones para que nos ayuden a consolidar y mejorar nuestra vida y nuestras organizaciones.

En el quinto capítulo, *Grandes aprendizajes, mejores evoluciones,* valoraremos la importancia que tiene hoy en día ser capaces de convertir las experiencias que vivimos en aprendizajes que podamos consolidar internamente.

Trataremos los aprendizajes que son de vital trascendencia en el momento de abordar la transformación y mostraremos el rol que tienen la IA y los humanoides para seguir evolucionando de una forma eficiente.

En el sexto capítulo, *Proyectos y casos de éxito,* expondremos ejemplos de empresas y organizaciones que han apostado por este proceso de transformación basado en personas, asumiendo que el método y la tecnología son los que ayudan a hacer dicha evolución sostenida en el tiempo.

En el séptimo capítulo, *Conclusiones*, proporcionaremos los puntos clave para el proceso que hemos estado planteando en el libro y veremos cómo la inteligencia artificial y los humanoides están aquí para hacernos más eficientes, más replicables y prescindibles.

Así pues, queridas lectoras y queridos lectores, os invito a que disfrutéis plenamente, no solo de la lectura del libro, sino también del viaje que este os propone.

Que cada página os inspire, que cada reflexión os acompañe en vuestro día a día, y que este recorrido os permita descubrir nuevas perspectivas y enriquecer vuestra propia experiencia.

¡Feliz evolución!

1. INVOLUCIÓN O EVOLUCIÓN

El modo en que usamos la mentalidad y la tecnología pueden ser el primer paso hacia la involución o el impulso inicial de una verdadera evolución.

1. LA MISMA PIEDRA, NUEVAS HERRAMIENTAS

En esa piedra radica la involución o la verdadera evolución

Como sociedad, hemos aprendido muchas cosas a lo largo del tiempo, pero, cuando nos paramos a pensar cuáles han sido realmente los aprendizajes, intuyo que no hemos aprendido tanto como creemos y que todo lo que hemos integrado en nuestras vidas responde al uso adecuado y eficiente de nuevas herramientas.

Es decir, casi todo parece igual, pero la forma en que actuamos ante las amenazas que aparecen en nuestro día a día y el buen manejo de las herramientas que utilizamos suelen determinar los resultados que obtenemos.

Esos supuestos primeros meteoritos que cayeron en la época prehistórica o esas lanzas que los *sapiens* utilizaban para cazar a los mamuts eran amenazas constantes sobre los pobres animales, que solo podían correr y huir para intentar sobrevivir.

Por otro lado, los *sapiens* tomaban las piedras que encontraban por la naturaleza y aprendieron que, si las hacían chocar entre ellas, podían afilarlas y fabricar hachas o puntas de lanzas que les servirían para salir a cazar.

Mientras la actitud de los mamuts era huir, porque poco más podían o sabían hacer, los *sapiens* tomaron la decisión de ser proactivos, de tomar acción, y, en lugar de lamentarse porque no tenían comida, decidieron convertir esas piedras en armas y herramientas para poder cazar y sobrevivir.

Con esto quiero decir básicamente dos cosas:

- La actitud determina nuestro comportamiento y nuestro nivel de desafíos.
- Las herramientas nos ayudan a evolucionar para hacer realidad nuestros retos.

Viendo que todos tropezamos con la misma piedra, con esa amenaza o con esa roca en el camino, también ahora y en plena revolución tecnológica debemos preguntarnos:

¿Han variado tanto las cosas desde que los mamuts y los sapiens *corrían por las praderas hasta el momento actual en que tanto las amenazas como las armas corren por internet?*

Si se espera que este libro proporcione soluciones mágicas, me veo incapaz de ofrecerlas. Es más, creo que no existen. De lo que sí estoy convencido es de que, en general, estamos viviendo la actual evolución tecnológica como una amenaza, como una piedra en el camino con la que volvemos a tropezar. Porque tal como dice el refrán popular: *El hombre es el único animal que siempre tropieza dos veces con la misma piedra.*

Algunas veces, eso que vivimos como amenazas y las posibles hipótesis que lanzamos sobre ellas se habrán trabajado y se habrán elaborado teorías que nos ayudarán a tomar decisiones importantes en nuestras vidas y organizaciones.

Pero también hay quien se muestra convencido de que esa misma piedra que cayó sobre los mamuts y los *sapiens* vuelve a estar sobre nosotros, ahora expresándose en forma de tecnología, cuestión que focalizaré en el siguiente punto.

Tenemos que hacer lo mismo que hizo el *sapiens* para convertir esa piedra en hacha o punta de lanza. Los *sapiens* humanos o los *sapiens* humanoides debemos aferrarnos a esta nueva herramienta llamada *inteligencia artificial (IA)*, y, del mismo modo que los *sapiens* hicieron hachas con piedras, nosotros debemos crear soluciones con *scripts* o *prompts* (instrucción y conjunto de palabras) y *salir a cazar*.

La visión de ese mamut que se extinguió, y que ahora algunos quieren resucitar, la visión de ese *sapiens* que decidió evolucionar y la visión actual que nos aporta la inteligencia artificial deben ser un acicate para seguir evolucionando y creando *espacios para los humanoides* en nuestro día a día.

En estas páginas intentaremos transmitir lo siguiente:

- En esencia, las amenazas del entorno siguen siendo las mismas piedras del camino que han existido durante toda la existencia de la humanidad.
- La actitud y el uso de la inteligencia han sido las claves para la supervivencia y la evolución.
- La evolución nos ha traído nuevas herramientas que realmente son apasionantes y nos harán evolucionar tanto o más que la rueda, el vapor o cualquier otro invento.
- Y, para ello, el humanoide es otra nueva oportunidad.

¿Y qué es para mí un humanoide? Un *sapiens* que dejó el hacha y la lanza para envolverse en la tecnología y así seguir cazando, sobreviviendo y evolucionando.

Así, pues, tomemos esas piedras y empecemos a programar *scripts*.

2. DE LA PARÁLISIS A LA PAUSA
¿Por qué se produce una parálisis pudiendo ser una pausa?

Hace unos días recibí un mensaje de Leire Arri, directora comercial de la empresa farmacéutica Mabo Farma, con quien estuve hace unos meses impartiendo una conferencia. Acababa de leer una de mis últimas columnas en *Expansión* titulada «Espacios para pensar» y nos estábamos intercambiando mensajes de Whatsapp.

En uno de sus mensajes me decía: «*¡Estoy totalmente de acuerdo con lo que dices de las pausas! Probablemente es una de las cosas más difíciles de hacer en el mundo de hoy, parar... Yo me lo he toma-*

do en serio desde que te conocí y te escuché en la conferencia de nuestra convención en Madrid».

En 2015 publiqué mi segundo libro, *La parálisis que activa,* con Empresa Activa. Decidí escribirlo porque unos años antes, al no saber parar, al no saber escuchar las señales de mi entorno y, supongo, al creerme más fuerte de lo que era, la salud me paró de repente.

El 5 de julio de 2010 tuve una parálisis facial periférica temporal ocasionada, podemos decir, por un *burnout* y por ir todo el día con un cohete en el trasero. Pasé de ser un fracaso escolar a los veinte años a crear proyectos sociales y empresariales a los treinta. Mi mente creía que no necesitaba parar porque ya había encontrado mi propósito, pero entonces, por correr tanto, me acabé olvidando del camino y del caminante.

Tomé conciencia de que esa caída no solo me ocurrió a mí, sino que muchas otras personas también habían vivido esas crisis, posiblemente expresadas en distintas formas. En mi caso fue una parálisis facial, en otros casos, ataques de corazón, y en otros, enfermedades que seguro que todos conocéis o posiblemente habéis sufrido.

En mi caso, quien lanzó la señal de alerta y de conciencia fue el médico. Al contarle cómo era mi vida en ese momento diagnosticó rápidamente que no era necesario hacerme pruebas. Que no era nada grave pero que tenía que cambiar cosas. Me afirmó que es algo que le pasa a mucha gente en la sociedad actual. Lo que yo le conté de mi vida era que me dedicaba a mi *startup* de tecnología entre 10 y 12 horas diarias, que viajaba a Barcelona cada día (dos o tres horas de coche, en total), que solo dormía 5 horas aproximadamente y que conducía un promedio de 80.000 km al año. He hecho un repaso rápido de esta situación porque demuestra que muchas involuciones se producen porque no sabemos parar, aunque sabemos que debemos hacerlo.

Todas las personas necesitamos darnos un golpe de realidad para tomar conciencia de que nuestro cuerpo y nuestra mente necesitan descansar para poder vivir y sobrevivir, tanto nosotros mismos como nuestros proyectos.

Del mismo modo que llevamos el coche al taller y cambiamos las ruedas para pasar la ITV, debemos revisar nuestra persona, nuestro cuerpo y nuestra mente.

Muchas crisis o involuciones se producen porque, como personas, trabajadores o trabajadoras, directivos o directivas y empresarias o empresarios, nos olvidamos de nosotros, y aquí empieza la involución de nuestro entorno.

Este capítulo es un toque de alerta o un toque de atención real para que nos detengamos a pensar, para que nos esforcemos en convertir esas parálisis que tenemos cerca en pausas de transformación real.

¿Y qué tienen que ver las pausas con un humanoide?

Pues pensad que sois como humanoides, que son esas personas que tienen tecnología incorporada, como las ruedas del coche, el aceite del motor o cualquier otro componente de vuestro coche.

Pensad en vosotros, cuidaros como cuidáis vuestra tecnología y haced pausas en vuestro día a día, para así tomar conciencia real del cambio que necesitáis. Tomar esta conciencia de pausa será la clave para prevenir la involución y una oportunidad que os permita viajar hacia la evolución.

Estas pausas son espacios de conciencia, de supervisión, de visión, de transformación y, sobre todo, de evolución. No digo que os retiréis en monasterios o que os perdáis por la naturaleza como yo hago, solo digo que busquéis vuestra fórmula y aprendáis a deteneros.

Y si no, ahora que tenéis el libro en vuestras manos, haceros la siguiente pregunta: poneros el libro sobre vuestras rodillas, pensad y contestaros: *¿Quiero ir al doctor porque la salud me ha parado o quiero pausarme para gozar de este presente y visualizar el futuro al que evoluciono?*

La elección y la acción son vuestras.

3. LA CAÍDA COMO OPORTUNIDAD
¿Intuimos cuán cerca estamos de la extinción o de la evolución?

Hace unos meses me invitaron a impartir una conferencia en el marco de un congreso de escuelas rurales ante un grupo de unos 200 profesores y profesoras en Tarragona. Iba a contarles cómo mi fracaso escolar y otras adversidades vividas habían supuesto un momento de cambio y transformación vital.

Antes de empezar, Jan Marc Segarra, director general de Centros Educativos Públicos del Departamento de Educación de la Generalitat de Catalunya, tomó la palabra y dijo: «*Os presento a Albert R. R de Riba y R de Resiliente. Albert es un tío que se ha caído cien veces y, como mínimo, se ha levantado 101, y, cada vez que se levanta, evoluciona*».

No entraré a debatir cuántes veces me he caído realmente o cuántas me he levantado, pero sí es cierto que, si miro mis grandes evoluciones o transformaciones vitales, personales o profesionales, he aprendido dos lecciones que no solo he vivido yo, sino que se repiten en todas aquellas personas que han superado fuertes adversidades. Son:

- Después de una gran caída, siempre se puede salir reforzado.
- Después de un gran cambio, siempre se debe salir reforzado.

Posiblemente ahora os estaréis planteando que, más o menos, los dos aprendizajes son lo mismo, pero realmente no lo son.

Cuando hablo de una gran caída, me refiero a aquel acto que nos deja paralizados, que normalmente invade nuestro día a día y ante el cual debemos ser *reactivos*. Por ejemplo, esos meteoritos que caían sobre los mamuts, esa competencia nueva que entra en nuestro mercado o, en un caso más personal, esa parálisis facial, ese divorcio o ese impacto tan fuerte al que debemos adaptarnos irremediablemente porque aceptar el cambio, a veces, es la única opción.

En estos casos, debemos desarrollar y trabajar una fortaleza personal que nos ayude a superar las dificultades, que nos anime a seguir hacia adelante y que, en definitiva, nos haga ser resilientes para salir transformados y reforzados.

Una resiliencia que sea reactiva y que nos haga levantar, que nos transforme y que, al final, nos convierta en una mejor versión de nosotros mismos, tanto en la vida personal como en la profesional.

Por otro lado, cuando digo *grandes cambios* me refiero a esas decisiones *proactivas* que tomamos para provocar un gran cambio en nuestra vida y que posiblemente la gente no entenderá. Pueden ser dejar un trabajo de hace años para crear nuestro propio proyecto empresarial, dejar nuestra ciudad para ir a otro lugar del mundo o cualquier otra variación promovida y originada por nosotros mismos.

Un cambio que lideramos nosotros, escogemos nosotros y, sobre todo, un cambio proactivo, con iniciativa y con clara visión de futuro.

¿Y qué diferencia hay entre los dos, pues?

El primero es reactivo y el segundo es proactivo.

El primero es forzado y el segundo es una oportunidad.

El primero es sobrevivir y el segundo es trascender.

No diré que las crisis vitales en las que hemos sido reactivos, en las que nos hemos sentido forzados y nos han permitido sobrevivir, no nos ayuden a evolucionar o transformar, porque a veces sirven para esto, como fue el caso de mi fracaso escolar o mi parálisis facial.

Lo que sí creo es que las personas que son proactivas ante el cambio buscan oportunidades y trascender, siempre tienen la cabeza y el corazón en el futuro, traen ese futuro al presente y lo viven plenamente desde el presente sin perder conciencia de presente.

Son personas a las que la gente les suele decir: *¡Qué suerte tienes! ¡Haces lo que te gusta! ¡Tú si tienes mérito!*

Pero realmente creo que esto es totalmente falso. El mérito es otra cosa.

Lo que tiene mérito no es que estas personas hagan o hagamos lo que nos gusta, porque esto realmente no lo tiene. Podría decirse que lo que sí tiene mérito es trabajar en aquello que no nos gusta durante 10 horas al día, estar en pareja con una persona a la que ya no amamos u otras tantas situaciones que seguro que os vienen a la cabeza.

Pero:

> Lo que SÍ tiene mérito es ser proactivo y anticiparse.
> Lo que SÍ tiene mérito es pensar en transformarse, constantemente.
> Lo que SÍ tiene mérito es trascender a nosotros mismos y a nuestras actividades.

El mérito no es hacer lo que nos gusta, es atrevernos a cambiar las cosas para acabar haciendo lo que más nos gusta más horas al día, más días al año, más años en una vida.

¿Y todo esto cómo se relaciona con *Mamut o humanoide*?

Este *sapiens* que incorpora tecnología para mí es un humanoide y ha venido para brindarnos oportunidades.

Obviamente, las oportunidades conllevan crisis, barreras y amenazas que pueden hacernos retroceder como personas y como sociedad, pero, si analizamos la evolución de la historia, veremos que casi siempre hemos ido hacia adelante.

Si queremos ser mamuts y pensar en extinción, somos libres de hacerlo, y eliminemos la tecnología de nuestra vida.

Si queremos ser *sapiens* y pensar en evolución, pongamos humanoides en nuestra vida y sigamos evolucionando bien y para bien.

Uno de mis aforismos o #albertinas preferidos que suelo publicar en mis redes sociales dice: ***Agítate antes de que te agiten.***

Podemos esperar sentados en una butaca a que alguien nos agite para ponernos en acción, pero ¡cuidado!, casi seguro ese alguien nos agitará hacia donde desea, y no forzosamente ese lugar coincidirá con nuestro anhelo, deseo o pasión.

Por otro lado, si nos agitamos nosotros mismos, si somos nosotros quienes nos movemos a nosotros mismos, es mucho más probable que consigamos un cambio alineado con nuestra esencia, deseos y objetivos.

Por esta razón, agitémonos mejor nosotros mismos y, en todo caso, que las personas que nos rodean nos ayuden a quitar ese polvo o arenisca que se deposita en nuestras alas y no nos dejan alzar el vuelo.

A todas las personas nos llega ese momento de agitación y cambio. Lo importante es ser consciente de que ese momento suele estar solo a una pequeña vuelta de tuerca de lo que estamos haciendo.

¡Está a vuestra vera! ¿Lo veis?

Una vuelta de tuerca, algo pequeño que se puede realizar y, al hacerlo, se abre una oportunidad de aprender, de crecer y de vivir una vida mucho más plena.

¿Cómo detectar cuán cerca estamos de esa vuelta de tuerca? ¿Qué debemos preguntarnos? ¡Vamos a ver los tres anillos!

4. LOS TRES ANILLOS: APRENDIZAJES CLAVE

Mientras unos miran hacia afuera, los aprendizajes nacen dentro

Una vez superadas las caídas, tortazos o parálisis que nos aparecen a lo largo del camino, ante nosotros se abre una ventana a la introspección que nos conduce hacia un lugar al que también van todas las religiones y espiritualidades. Como me gusta llamarlo, se abre una ventana que nos conduce hacia un entorno de interioridad, a nuestra esencia y a nuestra autenticidad. Es decir, a nuestra identidad.

Por interioridad entendemos aquel viaje que hacemos hacia nuestro interior y en el que buscamos respuestas a unas preguntas que nos surgen en nuestro día a día y que agitan todo nuestro ser.

Ese viaje es aquel trabajo de autoconocimiento, de autodescubrimiento y de autodesarrollo al que solemos acceder cuando la vida nos detiene. Es en ese momento cuando tomamos la sabia decisión de realizar este trabajo interior de una forma periódica, reconociendo que es la forma de fomentar nuestro crecimiento humano, asegurando así nuestra evolución.

Viajar hacia nuestra interioridad empieza en lo que suelo llamar un trabajo de espeleología humana, es decir, cavar, cavar y cavar hacia lo más interior de nosotros mismos. Hacia ese lugar en el que hallamos preguntas y respuestas, más o menos complejas, que posiblemente tardaremos en respondernos, pero que seguro nos ayudan a descubrir nuestra esencia y autenticidad.

Encontrar aquello que nos define y aquello que va alineado con nuestra esencia es lo que nos acerca a lo que realmente nos motiva, nos apasiona y nos hace poner nuestro foco vital en ello.

Para seguir este trabajo de interioridad, es bueno preguntarse: *¿Somos capaces de definir nuestra esencia? ¿Cómo impactará en nuestra transformación aparcar nuestra esencia?*

Si la esencia es aquello que define nuestra identidad y nuestra transformación o evolución, es aconsejable que construyamos siempre en base y sobre esta identidad.

Una vez ya hemos localizado la esencia, aparece la apuesta por la autenticidad. Me gusta decir que la *autenticidad es la apuesta por la identidad.*

He tenido la fortuna de compartir café, desayunos, comidas y otros encuentros con personas muy auténticas y creativas, como Ferran Adrià, Lluís Llongueras y Xavier Gabriel, entre otras, y todas ellas, absolutamente todas, *han apostado por su identidad y su autenticidad.*

Evolucionar y transformar de una forma continuada requiere este descubrimiento de la identidad para conectarla a la esencia y a la autenticidad. Requiere repensarnos continuamente y viajar hacia donde realmente queremos evolucionar y llegar.

Y, en este punto, debemos estar convencidos que la tecnología, los humanoides y la inteligencia artificial han venido para ayudarnos, y depende de nosotros que aprovechemos estas herramientas para dar un salto cualitativo hacia adelante, pero de una forma sostenida en el tiempo.

¿Y cómo conecta esto con la esencia y la autenticidad?

Pues de una forma clara y radical. Los humanoides —o esta tecnología que mejora nuestro *sapiens*— vienen a *mejorarnos o a ayudarnos a dejar de hacer aquello que está fuera de nuestra esencia y a poner más en valor nuestra esencia*.

Un ejemplo personal, si me permitís.

Estaba con los responsables de una empresa mostrándoles toda la transformación de contenidos y la evolución de nuestro método. Les mostré las imágenes y los vídeos, en los que se veía un mamut sentado en un sofá o tumbado sobre una camilla en un quirófano, entre otros.

En un momento dado, uno de los interlocutores me detuvo para decirme: «*¡Albert! La IA está sacando tu parte daliniana*».

Obviamente, no me considero Dalí ni mucho menos, pero lo que sí es cierto es que está IA me permite hacer cosas que no son de mi esencia de una manera más eficiente y también me ayuda a hacer cosas que sí son mi esencia de una mejor manera, con más calidad y de una forma más rápida y eficiente.

Por ejemplo, ChatGPT es mucho más rápido para crear contenidos para mis redes sociales, y puedo mejorar las presentaciones de mis conferencias con imágenes más creativas.

Una vez explicada la interioridad, la esencia y la autenticidad, pasamos a lo que llamo *la teoría de los tres anillos*.

La teoría de los tres anillos se basa en aquellas tres preguntas clave que debemos hacernos en el momento de abordar la evolución, sea con o sin inteligencia artificial, pero asumiendo que la evolución que nos permite la IA exige que busquemos las respuestas.

Son tres preguntas, pero ¿por qué anillos?

Porque debemos comprometernos con estas preguntas, porque debemos dedicarles tiempo y, sobre todo, perseverar en el tiempo, porque estas preguntas van apareciendo a lo largo de la vida y es importante ir *afinándolas*.

Las preguntas son:

¿Quiénes somos realmente?
¿Estamos haciendo lo que nos gusta?
¿Estamos yendo hacia donde realmente queremos?

Las dos primeras están relacionadas directamente con la interioridad, la esencia y la autenticidad, pues realmente se necesita autoconocimiento y autogestión de uno mismo para hacer frente a la extinción o a la evolución, sea con IA o sin ella.

Dicho en otras palabras, las dos primeras preguntas nos ayudarán a definir, consolidar y apostar por nuestra identidad sobre la que ir construyendo y evolucionando.

La tercera está directamente relacionada con el propósito de hacia dónde vamos, con nuestra visión de futuro y con nuestro viaje de transformación.

Ahora las preguntas que nos debemos hacer son: *Si ya hemos empezado este trabajo, ¿nos vamos a detener ahora? Si no hemos empezado, ¿podemos esperar más o ya debemos hacerlo ahora?*

El padre Moisés Salgado, de la Abadía de Silos, en uno de nuestros paseos por los jardines privados de la abadía, dijo: «*Estoy muy preocupado por la evolución del ser humano, pues veo que está sufriendo mucho. La mayoría de las personas viajan hacia fuera y, como tú dices, deben viajar más hacia su interior*». Le interpelé y le dije: «*Por esta razón hay tanto* boom *de terapias, pseudociencias, etc. Las personas son libres de implementar la que les vaya mejor, siempre que sean conscientes de lo que hacen y en manos de quienes están. Y ya sabes, en mi apuesta personal, estáis los monasterios*».

Se puso a reír y me dijo: «*No sé cuál será el futuro de las religiones, pero lo que sí tengo claro es el futuro de la vida monástica y lo que tú denominas conexión monástica. Son prácticas de hace miles de años y la gente necesitaba, necesita y necesitará espacios de interioridad e introspección. Hace miles de años ya lo hacían los padres cristianos del desierto y hoy en día es más necesario que nunca, y lo será cada vez más*».

Lo más importante entre tanta evolución de la especie es el ser humano y debe seguir siéndolo, aunque convivamos con humanoides.

Lo habitual en cada evolución ha sido la aparición e implantación de tecnologías que han transformado vidas, como la rueda, el carbón, el motor y, ahora, la inteligencia artificial.

Aprovechemos esta encrucijada que tenemos delante.

Por un lado, acompañemos a las personas que tienen miedo a extinguirse como el mamut y, por otro, valoremos la tecnología y la inteligencia artificial como otra oportunidad de transformación y evolución.

¿Por dónde empezar?

Apostando por la mentalidad.

2. APOSTANDO POR LA MENTALIDAD *SAPIENS*

Las organizaciones necesitan herramientas y proyectos, pero la verdadera prioridad debería ser la mentalidad.

1. ¿POR QUÉ CAMBIAN LAS PERSONAS?

Del «ser o no ser» al «necesitar, querer o saber»

Ser o no ser. Esta es la cuestión. Esta es la famosa frase del monólogo del protagonista de *Hamlet*, obra escrita por el dramaturgo inglés William Shakespeare en los primeros años del siglo XVII.

En el fondo, esta afirmación transmite una postura según la cual las cosas *son o no son*. Es decir, si lo adaptamos al mundo de la extinción y al mundo de la tecnología, diríamos que un mamut es mamut y un humanoide es humanoide, una afirmación que de entrada parece lógica pero que realmente está sesgada de la realidad.

En muchos de mis encuentros, conferencias o formaciones, los directivos me suelen hacer una pregunta que conecta muy directamente con estos sesgos: «*Albert, ¿cambian realmente las personas?*». Rápidamente les contesto con otra pregunta: «*¿Por qué cambian las personas?*». Y contesto con otra pregunta porque no tengo ninguna duda de que las personas sí cambian, porque el cambio es algo inherente al ser humano, a la vida y a la evolución.

Después, les contesto: «*Todas las personas cambiamos. La clave es la intensidad del cambio*».

La intensidad del cambio, como os podéis imaginar, es el nivel de cambio que incorporamos en nuestra organización, en nuestros proyectos o en nuestra vida y, dependiendo de la intensidad de este cambio, esta transformación puede llegar a ser más o menos radical.

Por ejemplo, no es lo mismo cambiar mi apariencia quitándome la barba que poniéndome un peluquín para ocultar mi calvicie. No es lo mismo cambiar de funcionalidad dentro de una empresa que cambiar de empresa. No es lo mismo cambiar una imagen de una presentación que crear toda la presentación con inteligencia artificial. No es lo mismo un pequeño cambio que un gran cambio que nos puede transformar de una forma brusca.

Y esta intensidad es la que nos lleva a un punto en que las personas deben pasar del *ser o no ser* al *necesitar, querer o saber*.

Asumiendo que las personas **SÍ** cambian y teniendo presente que **SÍ** hay distintas intensidades de cambio, debemos profundizar en por qué realmente cambian las personas.

¿Por qué cambian?

1.º Necesitar.
2.º Desear.
3.º Saber.

La primera pregunta para intentar motivar a una persona a cambiar es: *¿Esta persona necesita realmente el cambio?*

Por ejemplo, si una persona tiene un trabajo que le satisface mucho, que le permite crecer y que además le posibilita vivir bien económicamente, puede ser que esta persona no necesite cambiar, por mucho que le lleguen ofertas.

Entonces la persona se pregunta: *¿Necesito cambiar?*

Hoy en día, NO. Podemos ser personas que amemos el cambio, pero otra cosa es cambiar por cambiar sin que haya una necesidad real.

Cuando la persona necesita o acepta cambiar, viene la segunda pregunta: *¿Quiero cambiar?*

Si la persona desea cambiar, demuestra su interés por aprender, por crecer y por evolucionar en su puesto de trabajo, en su vida o en cualquier otro aspecto. En ese momento, la persona ya está encaminada, con lo que debemos dar otro paso adelante.

Una vez se ha asumido que se debe *activar* y toca cambiar, es cuando aparece la tercera pregunta definitiva y sobre la que podemos intervenir de una manera muy eficiente: *¿Sé cómo cambiar?*

Aquí adquieren un papel fundamental los conocimientos, los procesos, los programas y los acompañamientos, junto con todo aquello que facilite a la persona gestionar y liderar su propio cambio.

A partir de ahora, cuando estemos en un encuentro con amigos y hablemos de personas que deben cambiar o de seres queridos que no saben si cambiar o no, debemos hacerles estas tres preguntas: *¿Necesitas cambiar? ¿Quieres cambiar? ¿Sabes cómo cambiar?*

Debemos contestarles dependiendo de sus respuestas.

¿Eres mamut o sapiens?

En las próximas páginas contaremos cuáles son los dos tipos de mentalidad que adoptan las personas para abordar los cambios y explicaremos las inquietudes reales que hacen que las personas cambien o no cambien.

2. DOS TIPOS DE MENTALIDAD
Y tú, ¿eres mamut o *sapiens*?

Conversar sobre conceptos intangibles como puede ser la mentalidad de las personas tiene una complejidad adicional, porque realmente, al ser intangibles y no disponer de un constructo físico, suele ser más difícil tomar conciencia de ello.

Por esta razón, una de las mejores formas que tenemos para explicar intangibles suele ser el *storytelling* o las metáforas como punto de partida, para a partir de aquí empezar a construir este constructo intangible.

En mi caso, y cuando publiqué *Mamut o Sapiens* en el año 2013, dicha metáfora se basaba en la extinción de los mamuts y la evolución de los *sapiens*, siendo esta la última etapa a la que solíamos aspirar. Ahora, en pleno 2025, el *sapiens* ha tomado un nuevo rol de más valor y ha sido capaz de apostar por el humanoide.

Por esta razón, hemos evolucionado de *Mamut o Sapiens* a *Mamut o humanoide*, siendo la transformación y la mentalidad la misma, pero variando la herramienta y transformando esa hacha en *prompts*.

Así pues, asumiendo que los dos tipos de mentalidad siguen vigentes, adentrémonos en explicar y actualizar esta mentalidad de evolución como una capacidad de transformarnos a nosotros mismos para así poder incidir en nuestro entorno, de una forma eficiente, con alto rendimiento y sostenida en el tiempo.

Para ver las dos mentalidades de cambio o transformación, empezamos con la primera de ellas, la mentalidad mamut.

El mamut era aquel animal que hace millones de años caminaba por las grandes praderas repartidas por el planeta y a lo máximo que se adaptaba era a las estaciones climáticas y a los pequeños cambios que iba viviendo en su día a día.

Eran animales que vivían en la intemperie y cuando se sentían amenazados por otro depredador, como seguramente fueron los neandertales o los *sapiens*, lo que hacían era reaccionar para sobrevivir.

Después de buscar, estudiar y analizar, llegué a la conclusión que había tres hechos que marcaron a los mamuts y que los llevaron a optar por una vida sin cambio que al final los extinguió. Estos factores fueron:

- Falta de movimiento.
- Poca adaptación al entorno.
- Nula capacidad de transformación del medio.

Eran grandes animales cuya enorme constitución física les dificultaba desplazarse con rapidez, ya que mover sus voluminosos cuerpos demandaba un esfuerzo adicional significativo. Este desafío físico no solo limitaba su movilidad, sino que también influía en su capacidad para responder rápidamente a los cambios en su entorno.

Además, su nivel de adaptación al medio era extremadamente bajo, lo que los hacía especialmente vulnerables a las variaciones climáticas, a la disponibilidad de recursos y a la presencia de depredadores o competidores.

Como resultado, su habilidad para transformar o influir en el entorno que habitaban era prácticamente nula, dejando que los ecosistemas siguieran su curso sin alteraciones significativas por su parte. Esta falta de impacto transformador los hacía dependientes de un equilibrio natural que, al romperse, los ponía en una situación de desventaja crítica.

La segunda mentalidad es la llamada *sapiens* y está muy conectada con la proactividad. Está en el polo opuesto del mamut.

Los *sapiens* vivían en las mismas praderas, pero eran mucho más proactivos, más ágiles, se agregaban mejor entre ellos en comunidad y, lo más importante, utilizaron su inteligencia para adaptarse al medio y transformar el entorno en todo aquello que podían.

Encontraron huecos en las montañas y construyeron sus cuevas para estar más protegidos, tomaban las piedras que encontraban y con ellas hacían hachas para salir a cazar.

Si os fijáis bien, ante los mismos problemas, las mismas barreras, a iguales piedras en el camino, los *sapiens* actuaron de forma totalmente diferente, más proactiva y con más inteligencia. Su mentalidad era otra.

Unos se quedaron quietos porque posiblemente no sabían cómo hacerlo y los otros pensaron *vamos a aprender a hacerlo*.

Unos vieron que sus manadas se hacían pequeñas porque cada vez iban perdiendo más miembros, y los otros se agrupaban en tribus que se organizaban para vivir y con sus tropas salían a transformar su entorno.

Y si, como bien sabéis, esta metáfora la llevamos a nuestro día a día, veremos que esta actitud sigue vigente, con inteligencia humana y con o sin inteligencia artificial.

En nuestra sociedad hay personas que piensan que todo lo malo les sucede a ellas, que dicen que las personas les tienen manía o simplemente que se niegan a cambiar.

Pero en nuestra sociedad también hay personas que saben que llorar es un derecho, pero asumen que las cosas se pueden revertir o, al menos, se debe intentar. Asumen que una evolución implica tomar conciencia de cambio y que requiere conocimiento, esfuerzo y dedicación continua.

En estos más de doce años que llevamos con el modelo, hemos aprendido dos cosas que en esta nueva evolución queremos remarcar:

1. Ser mamut o *sapiens* es un acto descriptivo.
2. La pureza de mentalidad no existe.

Cuando digo que ser mamut o ser *sapiens* es un acto descriptivo, me refiero a que ni por ser mamut soy mal profesional, ni por cambiar siempre seré más bueno o mejor profesional.

Por descriptivo me refiero a que solamente define una situación en la que la actitud de actuar es *cambiar o no cambiar*. Para ir un paso más allá, lo que sí debemos analizar es la manera en que esta actitud está determinada por el entorno y el contexto.

En un entorno como el actual, en el que la tecnología cambia sí o sí nuestro día a día, tener mentalidad mamut puede ser un comportamiento negativo, pues en el fondo puede negar la evidencia y nos puede llevar a la extinción.

Pero, por otro lado, en un entorno muy estable que necesita pocos cambios en forma de pequeños ajustes, ser una persona con mentalidad muy *sapiens* que genera muchos cambios puede llegar a generar un caos y una crisis innecesaria.

Por esta razón, siempre que hablemos de mentalidad, pensemos en estas dos cosas. El hecho descriptivo en sí y en el contexto que determina.

Y, en segundo lugar, cuando afirmo que la pureza de mentalidad no existe, me refiero a que un 0 de mamut o un 10 de *sapiens*, entendiendo por un 0 el que no cambia nunca y el 10 el que cambia siempre, tampoco existe. Es imposible que una persona sea 100% mamut o 100% *sapiens*, aunque sí es posible que una persona sea 10% mamut o 90% *sapiens*.

En muchas de mis actividades, y al reflexionar sobre esto, acabo con la siguiente frase, que será con la que cerraremos este capítulo y que es bastante descriptiva: *No es malo ser mamut ni siempre bueno ser sapiens. El problema surge cuando las organizaciones obligan a los sapiens a actuar como mamuts o exigen a los mamuts comportarse como sapiens sin necesidad.*

Recordemos:
De una piedra salió un hacha, del carbón surgió el vapor, y hoy, en el siglo XXI, un simple prompt *puede generar maravillas.*

3. APTITUD, ACTITUD E INQUIETUD
El punto de apoyo para promover la mentalidad de evolución

Corría el año 2012. Había estado participando en distintos programas radiofónicos catalanes sobre emprendedores, y me ofrecieron empezar a colaborar con Radio Nacional de España Radio4 para seguir comunicando el mundo del emprendimiento.

A esa propuesta de la periodista Xantal Llavina, que fue la persona que me abrió las puertas de los medios de comunicación, contesté que estaba encantado de colaborar con ella, pero que debía darle una vuelta de tuerca a mi discurso para ir un paso más allá de los emprendedores. Tenía la sensación de que la palabra «emprendedor» ya estaba algo quemada y que debíamos enfocarnos más en la esencia, yendo más allá y tratando, no solo aquello que motiva a los emprendedores, sino también a todas aquellas personas que desean tomar acción, que desean cambiar y que, en el fondo, desean transformar sus vidas y, después, transformar sus proyectos. A la pregunta planteada por Llavina sobre qué es para mí la esencia, le contesté: «*¡Tenemos que abordar las inquietudes de las personas que desean cambiar cosas, transformar sus proyectos o hacer evolucionar sus vidas! Debemos hablar de todo aquello que les inquieta y les remueve. Cosas como su autoconfianza, la gestión de sus zonas de confort y cómo eso conecta con sus proyectos, etc. Obviamente, hablaremos de emprendedores, pero también de creativos, de temas sociales, etc., pero pongamos la palabra "inquietud" o "inquietos" en el título de la sección*». Y ya lo teníamos: *Inquietos Riba*.

La sección estuvo vigente durante los tres años que duró el programa, y, de las más de cincuenta colaboraciones que tuvo, *Inquietos Riba* fue una de las tres que se mantuvieron todos los años.

Después de todos los aprendizajes vividos en primera persona, de los estudios de investigación y de los centenares de entrevistas realizados después de publicar *Mamut o Sapiens* en 2013 y hasta hoy en día, esas inquietudes son uno de los valores diferenciales de nuestra propuesta por los siguientes motivos:

- Las aptitudes son necesarias, pero no suficientes.
- Las actitudes son necesarias, pero no suficientes.
- Las inquietudes son necesarias e imprescindibles.

Si conversamos con personas que desean emprender un proyecto o que desean transformar algo, notaremos que están muy conectadas porque realmente buscan transformar y evolucionar algo.

Este proceso de innovación, emprendimiento o transformación debe ir más allá de tener unas ideas, pegar un pósit o desarrollar un plan de inversión para que unos inversores nos ayuden a lanzar el proyecto. Realmente, la innovación, el emprendimiento y la transformación deben aportar o buscar la evolución en el entorno en el que van a operar.

Por ejemplo, si decidimos innovar en un proyecto y utilizar la inteligencia artificial para transformar algo, este algo tiene que buscar la evolución, porque, si no va a ser así … ¿qué necesidad hay de hacerlo?

Para hacer todo esto, las personas creen que el proyecto es la clave, pero realmente considero que no es así, hay algo más importante. Estando en Quito, Ecuador, en 2015, me invitaron a dar una charla ante un grupo de cien personas emprendedoras. Empecé diciéndoles: «*¡Queridos y queridas! Los proyectos en los que están trabajando y que están intentando lanzar hacia adelante me importan relativamente poco o, mejor dicho, no son la prioridad de mi interés. Mi interés real no es el proyecto. Mi interés real son ustedes como personas, sus inquietudes y sus deseos, sus preocupaciones y sus emociones. Trabájense más ustedes, pues de esta manera mejorarán sus inquietudes y sus proyectos. De esta manera, podrán trascender a sus proyectos*».

Dicho en otras palabras, les estaba explicando los otros tres puntos que vamos a desarrollar en este capítulo.

Para liderar un cambio, una transformación o cualquier evolución, sea personal, profesional o tecnológica, debemos preguntarnos: *¿Son necesarias las aptitudes y los máximos conocimientos posibles?* Obviamente, SÍ. Son necesarias, pero NO suficientes. *¿Son necesarias las actitudes y saber tomar acción para transformarse y evolucionar?* Obviamente, SÍ. Son necesarias, pero NO suficientes. *¿Son necesarias las inquietudes para evolucionar?* Obviamente SÍ. Son necesarias, NO suficientes y SÍ son IMPRESCINDIBLES. Por lo tanto, debemos transformar el orden de prioridades.

1ª Empezar por inquietudes.
2ª Seguir con actitudes.
3ª Potenciar las aptitudes.

La inquietud es aquello que nos remueve dentro de nosotros y que nos hace dudar sobre *si hacer o no hacer*.

La inquietud es aquella puerta que nos abre un mundo nuevo que abordar y al que adentrarnos.

Está automáticamente conectada con nuestros pensamientos, sentimientos y acciones que nos encaminan hacia un futuro.

Este nuevo enfoque de prioridades y de apostar por las inquietudes es la clave diferencial de nuestro modelo. Estas inquietudes son esos puntos en los que la mentalidad mamut dirá que no se pueden hacer y la mentalidad *sapiens* se pondrá manos a la obra para superar dicha dificultad.

El modelo de inquietudes nos recuerda que antes que proyectos, transformación digital o humanoides, somos seres humanos, y, como seres vivos que somos, tenemos inquietudes. Dar sentido a nuestras inquietudes es la mejor manera de dar sentido a nuestra vida y a los cambios.

A lo largo de las próximas páginas, hablaremos sobre cuál es ese constructo del intangible que hemos comentado anteriormente.

Lo que llamamos *transformabilidad* es la capacidad de gestionar estos cambios; transformarse implica tres grandes áreas de trabajo personal y, después, para emprender y adaptarse a los cambios hay que tener en cuenta diez inquietudes vitales.

Estos conceptos forman parte de un modelo, pero también hay que destacar la importancia de convertir este modelo en un método científico. Junto con la Universidad de Barcelona, en 2017 empezamos a desarrollar este método, lo que nos ha posibilitado aportar objetividad a nuestra propuesta.

En las próximas páginas daremos sentido y rigor al nuevo enfoque: aptitud, actitud e inquietud.

4. LA TRANSFORMABILIDAD Y SUS COMPONENTES

La evolución empieza en nuestra propia transformación personal

Si algo he aprendido los últimos años, sobre todo al interactuar con muchas áreas de recursos humanos e intensamente con el área de metodología de la Universidad de Barcelona, es el hecho de convertir un impacto inspiracional en algo más técnico y riguroso.

Por esta razón, y después de mucha investigación, decidimos apostar por lo que llamamos la *transformabilidad*, la capacidad o habilidad de transformarnos a nosotros mismos para luego transformar nuestro entorno.

La **transformabilidad** es el grado en que una persona es capaz de enfrentar los cambios que le rodean para, con ellos, transformarse a sí misma. Se basa en su habilidad para abordar y adaptarse a las diversas situaciones diarias, guiada por sus inquietudes vitales.

Dicho en otras palabras: *¿Cómo vamos a evolucionar si seguimos siendo iguales y hacemos lo mismo de siempre? ¿Cómo vamos a transformar una situación si somos incapaces de abordar nuestras inquietudes para cambiar? ¿Cómo vamos a transformar nuestro entorno si somos incapaces de incidir en él?*

Para poder transformarnos a nosotros mismos y, a partir de allí, evolucionar de una forma continuada en el tiempo, para superar esas caídas que sufriremos y para incidir en nuestro entorno, debemos tomar conciencia de que debemos trabajar esta capacidad.

Esta transformabilidad es la que conecta directamente con la mentalidad de mamut o de *sapiens*, de la que hemos hablado anteriormente, pero ahora lo hacemos de una forma más evolucionada, implantada en muchas más organizaciones y validada con el rigor de la Universidad de Barcelona.

Una vez interiorizamos el concepto de la transformabilidad, debemos preguntarnos: *¿cómo se estructura?*

Se construye en base a tres grandes áreas de trabajo que debemos incorporar en nuestro desarrollo personal, encaminándonos a una evolución permanente y constante. Las áreas son:

- Fortalecer frente al cambio.
- Comunicación emocional.
- Aspirando a la eficiencia.

La primera área es **fortalecer frente al cambio**.

En este proceso de transformación personal, es de vital importancia comprender quiénes somos realmente y debemos ser capaces de abandonar nuestra zona de confort habitual. La profunda autoexploración permite descubrir aspectos ocultos de nuestra personalidad o capacidades que, en algún momento dado, pueden ser un freno a la evolución y al crecimiento personal. Esta introspección nos ayuda a descubrir y reconocer nuestras verdaderas pasiones y, como decíamos en páginas anteriores, nos ayuda a alinear nuestras acciones con nuestros valores más auténticos.

Saber identificar nuestras fortalezas y nuestras áreas de mejora nos proporciona una base sólida para afrontar los desafíos que el cambio y la transformación conllevan. Reconocer nuestras habilidades nos proporciona la confianza necesaria para enfrentarnos a las nuevas situaciones con mucha más valentía.

En resumen, ganar conciencia y fortalecer nuestra confianza nos facilita ser más proactivos y eficientes. Por lo tanto, nos fortalece frente al cambio.

La segunda área es **comunicación emocional** o, como también me gusta llamarla, **comunicación bajo piel**.

La comunicación emocional en un contexto de transformación requiere una habilidad para saber expresar de una forma efectiva nuestras preocupaciones vinculadas y asociadas a los cambios en curso. Es una comunicación que va más allá de las palabras, porque busca compartir pensamientos y sentimientos que nos aparecen al ver que las cosas cambian.

En este proceso de cambio, la comunicación adquiere un papel crucial, ya que no solo se trata de comunicar aquello que es visible y obvio, sino que se trata de transmitir todo aquello que está conectado con algo más profundo, con nuestras inquietudes, preocupaciones o miedos.

Es una comunicación más compleja, aunque mucho más efectiva, porque, al comunicar aspectos invisibles (como si estuvieran bajo piel), nos sentimos más involucrados e implicados, fortaleciendo también la cohesión entre las personas.

Al abordar estas emociones más profundas en estos momentos de cambio, se minimizan los malentendidos, se eliminan las presuposiciones y se facilita una adaptación a los cambios de una forma más armoniosa.

Una vez fortalecidos frente al cambio y ya que hemos aprendido a comunicarlo de una nueva forma, aparece la tercera área de trabajo: **aspirando a la eficiencia**.

Las personas debemos aspirar a la máxima eficiencia incorporando nuevos retos a nuestro día a día, lo que nos permitirá crecer y asumir nuevos riesgos. Al enfrentarnos a desafíos variados, no solo mejoramos nuestra capacidad de adaptación, sino que también descubrimos nuevas maneras de optimizar nuestro rendimiento. Estos retos fomentan una mentalidad de crecimiento, esencial para alcanzar niveles superiores de eficiencia.

Asumir riesgos para mejorar y aprender de los errores es fundamental en este camino hacia la eficiencia. Los errores no deben ser vistos como fracasos, sino como oportunidades para aprender y crecer. Al analizar y comprender las lecciones de cada experiencia, las personas pueden ajustar mejor sus estrategias y métodos, perfeccionando continuamente su enfoque para lograr una mayor excelencia y sostenibilidad.

En este capítulo hemos visto cómo uno de los avances que debemos hacer es tomar conciencia de que transformarnos a nosotros mismos de una forma continuada en el tiempo es la mejor manera de tener más control sobre la evolución que iremos viviendo.

Os animamos a potenciar este viaje y a subiros al barco de la transformabilidad.

5. LAS 10 INQUIETUDES VITALES PARA ADAPTARSE Y EMPRENDER
La importancia de un mapa conceptual

Una vez entendida la relevancia que tiene la mentalidad para gestionar procesos de transformación, después de ver que las personas SÍ pueden cambiar y de que el foco de dicho desarrollo está en las inquietudes, es el momento de conocerlas y de interiorizarlas.

En primer lugar: *¿por qué las consideramos vitales para adaptarse y emprender?*

Son vitales porque inciden en todas las personas, sean hombres o mujeres, sean un *millennial* o un *viejennial*, sean directores generales u operarios de fábrica, cumplan el rol que cumplan.

Asumiendo que las inquietudes son humanas y, por lo tanto, responden a un patrón de conducta o de comportamiento, lo único que las diferencia es *el lugar* y *la intensidad* con las que se deben activar o cómo debemos intervenir en ellas. Por ejemplo: una persona con más experiencia posiblemente habrá superado más adversidades, habrá aprendido más y su análisis de riesgos será más detallado. Por otro lado, una persona más joven y con menos experiencia suele ser más temeraria y, por lo tanto, su capacidad de riesgo puede llegar a ser grande.

Afirmamos que estas inquietudes son *para adaptarse y emprender* por lo que ya hemos comentado en páginas anteriores, porque emprender y transformar está conectado, porque las dos implican evolución y porque ambas necesitan un claro enfoque de mejora y de búsqueda constante de esta.

Y a lo mejor os estáis preguntando: *¿cuáles son estás inquietudes?*

En estas páginas ofrezco una breve descripción para que podáis conocerlas y reconocerlas, con el fin de que la próxima vez que debáis abordar un cambio o transformación, esté involucrado o no con la tecnología o la inteligencia artificial, seáis capaces de identificar esa inquietud sobre la que intervenir.

Las diez inquietudes vitales para adaptarse y emprender son:

1. Quién soy.
2. Zona de confort.
3. Miedo.
4. Diferencia.
5. Cambio.
6. Comunicación.
7. *Tempo.*
8. Conciliación.
9. Riesgo.
10. Error o fracaso.

Empezamos por la primera, que es la inquietud **QUIÉN SOY**, muy relacionada con el autoconocimiento y control de uno mismo.

El grado en que una persona tiene conocimiento de sí misma para ser capaz de afrontar sus inquietudes diarias es fundamental para su desarrollo personal y para su capacidad de afrontar los cambios.

Este autoconocimiento implica entender nuestras emociones, identificar nuestras fortalezas y debilidades, conocer nuestros valores y objetivos, y ser conscientes de nuestras reacciones ante diversas situaciones.

Practicar la autorreflexión a través del autoconocimiento, realizar cuestionarios de comportamiento y buscar el *feedback* honesto de amigos y colegas son algunas estrategias que pueden ayudar a profundizar en este autoconocimiento.

Cuanto más nos conocemos, mejor podemos gestionar nuestras respuestas y acciones diarias frente a la evolución que nos viene por delante.

La segunda inquietud es **ZONA DE CONFORT,** un espacio que es una puerta a la extinción o a la evolución.

La zona de confort se refiere al grado en que una persona busca estabilidad en su entorno, evitando cambios y esquivando la incertidumbre.

Permanecer en esta zona puede proporcionar una cierta sensación de seguridad, pero también puede limitar el crecimiento personal y profesional. Para expandir los límites de esta zona, es recomendable exponerse gradualmente a nuevas experiencias, establecer pequeños retos diarios que impliquen salir de la rutina y desarrollar una mentalidad de crecimiento enfocada en el aprendizaje continuo.

Salir de la zona de confort y abordar las zonas de miedo para introducirnos en la zona de aprendizaje no solo aumenta la resiliencia, sino que también nos permite crecer y desarrollarnos.

La tercera inquietud es el **MIEDO**, esa emoción natural que todos experimentamos pero cuya capacidad de gestión varía de una persona a otra.

El grado en que las personas somos capaces de manejar nuestros temores sin permitir que nos paralicen es crucial para el bienestar y el éxito de una forma sostenida en el tiempo.

Identificar y reconocer nuestros miedos específicos es el primer paso para gestionarlos. Con el tiempo y trabajo, aprender a manejar el miedo nos posibilita enfrentar desafíos con mayor confianza y resiliencia.

La cuarta inquietud es la **DIFERENCIA,** y se refiere a la forma en que somos capaces de aceptarla y de convivir con ella.

Cada persona es única. Aceptar y aprovechar nuestras diferencias puede mejorar significativamente nuestro rendimiento y nuestra capacidad de convivir con las cosas nuevas y distintas que nos rodean o que nos aparecen a menudo.

Ser conscientes de nuestras características únicas y valorarlas nos facilita utilizarlas a nuestro favor. Debemos buscar entornos donde la diversidad sea apreciada y nos permita integrar nuestras diferencias con las diferencias del entorno y, además, podamos convertir nuestras fortalezas en nuestras oportunidades.

La quinta inquietud es el **CAMBIO,** sea cambio por sustitución o por evolución.

La capacidad de aceptar y generar transformaciones en nuestra vida diaria es esencial en un mundo en constante evolución. Adoptar una actitud flexible y abierta a nuevas experiencias facilita la adaptación al cambio, por sustitución o por transformación.

Debemos prepararnos para cambios que implican cambiar una cosa por otra, como puede ser cambiar de coche, de trabajo o de pareja. Son cambios más bruscos porque realmente cambia todo nuestro entorno y todo aquello con lo que interactuamos.

Otra forma de cambio es el cambio por transformación. Es ese cambio que hacemos en nuestro entorno, que cambia solo una parte del todo; pero, realmente, el impacto de ese cambio incide en todo.

Ejemplos de estos cambios son transformar un coche mediante *tunning*, hacer unas reformas en casa o un traslado laboral dentro de la misma empresa, pero en otra área.

Al abrazar el cambio, no solo nos mantenemos vivos, sino que también crecemos y evolucionamos continuamente.

La sexta inquietud es la **COMUNICACIÓN,** una comunicación emocional porque, como hemos dicho, cambiar implica impactos emocionales e íntimos más difíciles de verbalizar.

Saber comunicar nuestras inquietudes, preocupaciones y motivaciones de manera efectiva es crucial para las relaciones interpersonales y para el éxito profesional.

Practicar habilidades de escucha activa, aprender técnicas de comunicación asertiva y participar en talleres de comunicación y oratoria son maneras de mejorar esta habilidad, con el fin de apostar por la eficiencia en nuestro día a día.

Una comunicación efectiva no solo ayuda a resolver conflictos y a expresar necesidades, sino que también fortalece las relaciones y fomenta un ambiente de colaboración y entendimiento.

La séptima inquietud es el *TEMPO,* que no es lo mismo que tiempo.

Una cosa es gestionar el tiempo, que es algo que debemos aprender a mejorar, pues muchas veces no somos eficientes por su mala gestión, y otra cosa es el *tempo*, que va un poco más allá. El *tempo* implica gestionar y compaginar el ritmo y la duración de nuestras actividades con las del colectivo y del entorno, siendo algo determinante para la productividad y la armonía en equipo.

Al sincronizar nuestras actividades con las de otros, no solo logramos nuestros objetivos de manera más eficiente, sino que también contribuimos al éxito colectivo.

La octava inquietud es **CONCILIACIÓN** entre tareas y retos.

Tener un equilibrio entre las tareas y obligaciones que debemos hacer y aquellas actividades que nos gustan y motivan es fundamental para el bienestar y la satisfacción personal.

Definir claramente las prioridades que debemos abordar, establecer límites saludables y asegurarnos de dedicar tiempo a actividades con las que disfrutamos son pasos importantes hacia la conciliación.

Mantener este equilibrio no solo mejora nuestra calidad de vida, sino que también nos hace más productivos y motivados en nuestras responsabilidades diarias.

La novena inquietud es el **RIESGO**, asumiendo que hoy en día el principal riesgo es no arriesgar.

Esta inquietud refleja el nivel en que una persona es capaz de asumir y convivir con el riesgo. Pero lo más importante es cómo esta persona es capaz de interiorizar que, mientras el mundo avanza, tiene que avanzar con él y de la forma más sincronizada posible.

Emprender implica correr riesgos, pero evidentemente hay que saber gestionarlos. Pensar en controlar el cien por cien de los riesgos es imposible, pero, si nos pasamos la vida quietos pensando que de esta forma no hay riesgo, nos equivocamos. Como ya hemos dicho, muchas veces el principal riesgo es no arriesgar.

Es decir, no asumir riesgos, vivir paralizados y sin hacer nada es vivir con actitud mamut y, como todos sabéis, estos se extinguieron. Por eso hay que ver la vida con actitud *sapiens* y con capacidad de transformarse.

La décima y última inquietud es **FRACASO**.

Es el grado en que una persona es capaz de convivir con el error y el fracaso, siendo capaz de convertir estas adversidades en oportunidades de mejora.

Esta es la inquietud que más acostumbra a preocupar a las personas, pues conecta directamente con la aceptación y la gestión del error o del fracaso. Por eso, y por la importancia que puede tener para las personas, le dedicamos la última de las inquietudes.

Por norma general, a todas las personas nos cuesta aceptar el fracaso cuando entra por la puerta de casa. Y, cuando lo hace, muchas veces intentamos esconderlo para no mostrar al exterior nuestras debilidades o nuestros miedos, como ya hemos comentado anteriormente.

En este proceso de aceptación del fracaso, hay que aprender a diferenciar dos conceptos que pueden ser muy similares, pero que realmente difieren mucho en un punto: el fracaso y la frustración son dos cosas diferentes.

El fracaso ocurre cuando algo importante que habíamos pensado y planificado, por el motivo que sea, no acaba sucediendo tal como nos lo habíamos imaginado. Es decir, es algo que intentamos pero que no llegamos a conseguir, aunque estemos poniendo toda la energía en alcanzarlo.

La frustración viene cuando dejamos de hacer algo que queríamos hacer, es decir, cuando no lo intentamos o dejamos de hacerlo. Dicho en otras palabras, es lo contrario a la acción: es la inacción.

El hecho de fracasar comporta una acción previa y, por lo tanto, tenemos la opción de aprender de nuestros errores para que no se repitan; por el contrario, cuando nos frustramos, tomamos una decisión, pero normalmente no actuamos, nos activamos menos y, por lo tanto, el aprendizaje es mucho menor.

En este capítulo hemos visto cuáles son estas diez inquietudes vitales sobre las que debemos intervenir para que las personas de mentalidad mamut se transformen y las personas de mentalidad *sapiens* sigan evolucionando.

Y para acabar este capítulo, cerraremos el círculo de este bloque dedicado a la apuesta por la mentalidad relacionando estas inquietudes con las áreas de trabajo de la transformabilidad que hemos comentado anteriormente:

- Fortalecer frente al cambio: quien soy, zona de confort, miedo y diferencia.
- Comunicación emocional: cambio, comunicación y *tempo*.
- Aspirando a la eficiencia: conciliación, riesgo y gestión del error y del fracaso.

En este capítulo hemos intentado que vosotros, lectores que ahora mismo tenéis este libro en vuestras manos, sea en papel o en formato digital, podáis introduciros en el mundo del *constructo de la mentalidad de cambio, transformación y evolución.*

Posiblemente, algunos estaréis pensando que solo con palabras no hay transformación y que hace falta algo más. Y yo os diría que tenéis razón; es necesario algo más. Un buen mapa mental es necesario, pero no es suficiente.

Para abordar cualquier transformación, sea tecnológica o no, sea con más o menos humanoides, necesitamos un método que nos ayude a digitalizar y escalar.

En el próximo capítulo trataremos la necesidad de encontrar o crear métodos que nos permitan *digitalizar* con procesos consistentes y que, además, añadan datos más objetivos al proceso.

3. MÉTODO CIENTÍFICO PARA DIGITALIZAR

Transformando la subjetividad en decisiones objetivas.

1. LA NECESIDAD DE UN MÉTODO (MODELO VERSUS MÉTODO)

Del modelo conceptual a la metodología

Era febrero de 2015 cuando tuve esa revelación que me hizo tomar conciencia de que tenía en mis manos algo importante, un marco conceptual sobre la mentalidad de cambio o transformación y, además, lo tenía publicado en un libro. Pero entendí que era necesario algo más.

Por esas fechas, la empresa farmacéutica Sanofi México me contrató para impartir una conferencia sobre resiliencia y un *workshop* sobre *Mamut o Sapiens* a un equipo de más de cien personas relacionadas con el departamento comercial en la bonita ciudad de Querétaro, donde celebraban su convención anual.

Las sesiones fueron un éxito y el último día organizaron una cena reducida con los cinco mejores jefes de equipos de venta, la directora comercial y nosotros, para celebrar el éxito y compartir inquietudes sobre todo lo que habíamos trabajado.

En el momento de los postres, y mientras llegaban los tequilas, la directora abrió un debate entre los participantes y allí empezó un turno de afirmaciones.

- Necesitamos que nuestros comerciales sean aún más *sapiens*.
- Somos un equipo *sapiens*, pero debemos mejorar a algunos mamuts.

- Cómo ayudar a cambiar a nuestros clientes.
- Etc.

Se generó un debate muy interesante y, al finalizar, la directora comercial me miró a los ojos seriamente y me dijo: «*Albert, ¿cómo nos puedes ayudar a desplegar esta mentalidad en las 500 personas de nuestra organización?*».

A ese viaje fui con mi socio y amigo Óscar Riera. Me acuerdo de que me lo quedé mirando, hice un silencio y respondí en voz alta: «*¡Ahora no puedo! ¡No estoy preparado!*».

Se produjo un silencio en la mesa y luego argumenté lo que posteriormente fue nuestro propósito. Les contesté: «*Tengo un modelo inspiracional que funciona muy bien y lo hemos trabajado para grupos en el FC Barcelona, en Bimbo y en otras muchas empresas, pero ¡caray!, formar a quinientas personas son palabras mayores. Además, esto implicaría pasar largas temporadas en México, desatender a mi familia y a mis proyectos en España, y me pondría en otra situación de* burnout *que ya viví hace cinco años. Por otro lado, ahora mismo no estoy preparado, pero les prometo que en unos años sí que lo estaré, porque además de escribir libros, impartir conferencias o colaborar en medios de comunicación, soy innovador y emprendedor*».

La directora me lo agradeció y contestó: «*¡Asumo que tu trabajo también es vender, por eso te agradezco tu nivel máximo de sinceridad! Volveremos a tratar este punto en un futuro*».

Volví del viaje y con Ramon empezamos a realizar un meticuloso trabajo de investigación y exploración sobre cómo abordar ese proyecto. Al final, llegamos a las siguientes conclusiones:

- Tenemos el modelo escrito en unos libros.
- Si queremos llegar a grandes volúmenes, necesitamos algo más que digitalizar y desplegar la cultura de transformación.
- Un método nos ayudaría a convertir ese mapa conceptual en procesos, técnicas o habilidades.
- Debemos mejorar los diagnósticos y aportar datos objetivos al modelo.
- Necesitamos centros de transferencia de conocimiento que nos ayuden.

Después de casi dos años de investigación, y ya en el año 2017, iniciamos un proyecto de transferencia de conocimiento con la Universidad de Barcelona, en el área de psicología y de metodología, con el doctor Jordi Renom, con quien hemos trabajado y con quien seguimos haciendo evolucionar el método.

Ahora, en 2025, disponemos de algo más que un modelo. Tenemos un método validado con rigor científico que, además, nos permite abordar proyectos de más calibre, de mayor tamaño y, sobre todo, de más complejidad.

Y, de todo este viaje, los principales aprendizajes son:

- Un libro define un marco conceptual.
- Una charla también lo define, pero requiere además una presentación clara y convincente.
- Una solución transformacional necesita un marco conceptual sólido, bien comunicado, y debe ser ejecutado de una manera efectiva.
- Para ejecutar de forma efectiva, es esencial disponer de un método validado.

Estoy convencido de que deben integrarse modelos que sirvan como guías para las personas. En este caso, las metodologías son los caminos por los cuales deben transitar la transformación y la evolución.

Y, ya que la comunicación determina lo que decimos o lo que interpretan las personas, vamos a ver qué dice la Real Academia Española de la Lengua:

En la definición de **Modelo,** dice:

- Arquetipo o punto de referencia para imitarlo o reproducirlo.
- En las obras de ingenio y en las acciones morales, ejemplar que por su perfección se debe seguir e imitar.
- Esquema teórico, generalmente en forma matemática, de un sistema o de una realidad compleja y que se elabora para facilitar su comprensión.

En la definición de **Método,** dice:

- Modo de decir o hacer con orden.
- Modo de proceder, hábito o costumbre que cada uno tiene y observa.
- Obra que enseña los elementos de una ciencia o arte.
- Procedimiento que se sigue en las ciencias para hallar la verdad y enseñarla.

En resumen:

1. Aboguemos por tener buenos modelos que nos ayuden a comprender el camino.
2. Apostemos por las técnicas, herramientas y datos que nos ayuden a realizar el proceso.
3. Apostemos por métodos que nos aporten datos objetivos y nos faciliten la digitalización.

Así, pues, empecemos a codificar lo intangible para crear métodos que nos ayuden a replicar modelos.

2. CODIFICANDO LO INTANGIBLE

Lo esencial es invisible a los ojos.
El Principito

Uno de los primeros ejercicios que debemos hacer cuando apostamos por implantar una metodología es definir realmente qué es esencial y qué debe ser una prioridad, se pueda ver o no, sea tangible o intangible.

Que algo no sea visible no significa que no exista. Sin embargo, las personas tendemos a ignorar lo que no vemos físicamente, con lo que podemos llegar a una situación sesgada, defectuosa y con mucho riesgo.

Un caso similar en el que se debía *codificar algo invisible* lo viví en propia piel hace unos meses, cuando por primera vez, a mis más de cincuenta años, me tuvieron que escayolar la muñeca de la mano izquierda, que me rompí después de una caída.

Después de la caída, como el hueso no sobresalía y la herida estaba caliente, pensé que no era nada y me fui a Barcelona conduciendo, pues tenía una comida de trabajo. El dolor fue en aumento y, por la tarde, al volver a casa, decidí pasar por el hospital, y allí empezó lo que ahora llamo *codificar lo intangible*.

En primer lugar, en la sala de triaje me hicieron unas preguntas y me dijeron que intuían que mi muñeca estaba rota, pero que querían asegurarse de ello. Digamos que la información o el marco conceptual del que hemos hablado antes les dio una intuición.

Posteriormente, me hicieron una radiografía, tras la cual el doctor me dijo que parecía que la muñeca estaba lastimada pero que no se apreciaba bien y tenía dudas. Entonces decidió hacerme una ecografía para así poder ver mejor los daños y realizar un diagnóstico más acertado.

Es decir, aplicó una segunda metodología para poder codificar mejor el hueso dañado, para realizar un buen diagnóstico y así recetarme el tratamiento adecuado.

En fin, esa ecografía hizo visible los daños.

¿Y todo esto cómo se relaciona con la mentalidad de evolución, digitalización e inteligencia artificial?

Así como contamos con tecnología que nos permite detectar una fractura en los huesos de la mano, también necesitamos herramientas que nos ayuden a identificar, mejorar y potenciar la capacidad de cambio de nuestros equipos.

Hasta ahora, hemos confiado en la intuición y la experiencia para gestionar transformaciones, y eso nos ha servido. Sin embargo, en un mundo marcado por el avance tecnológico y la velocidad vertiginosa de los acontecimientos, la intuición ya no es suficiente.

Es fundamental visualizar el concepto de *mentalidad de evolución* y profundizar en el análisis de los síntomas que acompañan los cambios que necesitamos abordar. Solo así podremos diseñar estrategias más efectivas para adaptarnos y prosperar en un entorno cada vez más complejo.

Y con todo esto llegamos al punto que titula este capítulo, *Codificando lo intangible*.

Si debemos abordar un proceso de cambio o evolución, es importante tener presente todo lo que hemos ido planteando hasta ahora. Por lo tanto, debemos descubrir o saber:

1. ¿Cuáles son los síntomas?
2. ¿Cuál es la actitud?
3. ¿Cuál es el problema real?

4. ¿Cuáles son las inquietudes que debemos abordar?
5. ¿Cómo definir este constructo de la mentalidad?
6. ¿Cómo detectarlo?
7. ¿Cómo evaluarlo?
8. Etc.

Para evaluar esto, necesitamos un modelo que nos guíe y un método que nos acompañe a implantarlo.

3. EL PROCESO DE CRECIMIENTO
El cambio sucede en un momento, la transformación viaja en el tiempo

En 2009 inicié un proyecto llamado *Referendity*, que eran unas entrevistas personales con referentes de todo tipo. Estas personas eran faros inspiracionales que me mostraban parte de un camino. Se trataba de personas de ámbitos muy diversos que me abrían sus puertas de par en par cada vez que hablaba con ellas, lo que me permitía soñar, aprender y crecer.

Todas ellas forman parte de mi proceso de evolución vital, tanto personal como profesional. Entre ellas se encuentran Ferrán Adrià, Lluís Llongueras, Pedro Nueno, Sor Lucia Caram, Xavier Gabriel y también Antoni Bolinches, psicólogo español.

En 2016 me entrevisté con él y por esas fechas ya grabamos un pódcast. Hablamos sobre cómo los procesos de transformación requieren pasión y, por decirlo de una forma más humana, también requieren amor.

En un momento dado, me preguntó: «*Albert, ¿qué es para ti amar?*». Se tomó un silencio y siguió: «*Amar es un acto de crecimiento. Amar no es solo amar a alguien desde la sexualidad o la pasión. Se ama a una amiga, a un proyecto, a una empresa, etc.*».

Dando por buena esta idea, y aunque pueda parecer un poco atrevido, puede afirmarse que cambiar o transformar y el impacto puntual o de proceso de transformación tienen mucha relación en cómo las personas amamos, ya sea a nosotros mismos, a nuestros seres queridos o a todo aquello que nos rodea.

Demasiadas veces resumimos los procesos de cambio o de digitalización como si fueran un momento puntual de cambio, como ya hemos comentado anteriormente. Es decir:

- Cambio del ERP.
- Un despacho sin puestos de trabajo fijos.
- Despido de un empleado.
- Etc.

Las personas no somos objetos que se cambian de un lugar a otro en un segundo. Debemos asumir que hay algo más, porque las personas somos seres vivos y, como tales, nos vamos transformando, vamos evolucionando y, cuando estamos inmersas en estos procesos, necesitamos sentirnos queridas y acompañadas para tomar conciencia de cómo progresamos.

El *efecto clínex* de usar y tirar seguirá existiendo y, posiblemente, muchos de estos momentos clínex pasarán a ser realizados por los humanoides. Las personas, las que deseamos amar, las que saboreamos ser amadas, las que deseamos progresar y a las que nos enamora relacionarnos, debemos ubicarnos en esta senda de la evolución, de la transformación y del amor.

Contemplar un proceso de transformación y formar parte de él nos permite algo muy importante y que olvidamos demasiadas veces. Algo que realmente hace que las personas tomen conciencia de su situación actual y de su origen; algo de lo que se habla mucho pero se demuestra poco.

Este algo es el progreso, y amar es un progreso.

Los líderes de las organizaciones que están inmersas en procesos de evolución más o menos radicales deben ser capaces de demostrar a sus equipos y a las personas que los componen que realmente han evolucionado, y que esta evolución les ha hecho ser mejores personas, tanto a empleados como a directivos.

Cuando en nuestro día a día amamos nuestro trabajo porque crecemos, y colaboramos con otras personas y empresas que también crecen, nos convertimos en fervientes defensores de los procesos de transformación. Por eso siempre afirmo que amo y que me siento miembro de muchas empresas que confían en nosotros, porque hemos crecido y estamos creciendo juntos.

Como resumen de este capítulo, merece la pena aclarar tres conceptos:

- Hay cosas que deben cambiar y hay cosas que, sí o sí, deben transformarse.
- Transformar requiere ir a la esencia y hacerla crecer, porque ese crecer genera vínculo.
- Y ese vínculo puede ser con un empleado, un colaborador, un propietario, etc.

Así pues, cambiemos lo que toca y transformemos lo que deba ser amado.

4. ACOMPAÑAMIENTO

No todo requiere el mismo acompañamiento

Otro de los impactos sufridos por la perversión de un entorno tan acelerado como el actual y que ha servido de oportunidad importante para muchas personas es la relevancia que ha tomado el concepto de *acompañar*.

Ahora, hables con quien hables o navegues por la red social que navegues, observarás que hay un *boom* de la palabra *coach*.

No digo que *coach* sea una palabra incorrecta, ni mucho menos, pero lo que afirmo es que la transformación que estamos viviendo actualmente nos obliga a clarificar lo que es *acompañar*, porque resulta clave en cualquier proceso de transformación.

Veamos lo que nos dice la Real Academia de la Lengua del verbo **acompañar**:

- Estar o ir en compañía de otra u otras personas.
- Juntar o agregar algo a otra cosa.
- Dicho de una cosa: Existir junto a otra o simultáneamente con ella.
- Participar en los sentimientos de alguien.
- Dicho de un perito: Juntarse con otro u otros de la misma facultad para ocuparse de algún negocio.

De manera que podríamos afirmar lo siguiente: Todas las personas vivimos procesos en los que necesitamos estar acompañados y que las personas que nos acompañan y nos llevan de la mano nos digan: *No te preocupes. Estoy aquí contigo. Esto lo conseguimos juntos.*

Este acompañamiento es tan necesario en los procesos de evolución como en los procesos de involución, de los que hemos hablado al principio del libro. Hay personas a las que debemos acompañar para conseguir un reto, pero en la vida también nos encontramos con situaciones de despedida de proyectos y de personas, que también deben ser acompañadas.

¿Y dónde nos lleva todo esto relacionado con el proceso de acompañamiento?

- Que se base en un modelo y, a poder ser, en un método.
- Que sea el rol adecuado.
- Que se base en la solución y no en la duración.

Antes de profundizar en este punto quiero aclarar una cosa para evitar que alguna persona me malinterprete o se enfade. Hablo de acompañamiento en procesos de evolución y transformación. No hablo de procesos de terapia, ni de tratamiento o similares. Hablo de transformación personal, empresarial y organizacional.

El primer punto importante para un buen proceso de acompañamiento es que se base en un modelo y, a poder ser, en un método.

Basarse en un modelo, como ya hemos comentado, nos posibilita disponer de una guía, de unos conocimientos o de unos conceptos que pueden servir de pautas y que, además, transmiten seguridad al que es acompañado.

Si, además, tenemos la oportunidad de apoyar este acompañamiento de un método más exigente, más riguroso y validado por alguna organización de investigación o de conocimiento, garantizamos que el proceso de acompañamiento funcione mucho mejor.

Repito. Digo que el modelo es básico y el método es un plus.

El segundo punto que hay que aclarar hace referencia al rol de la persona que nos acompaña, y aquí nos podemos encontrar básicamente con tres tipos de roles:

- El *coach*.
- El mentor.
- El *advisor*.

El *coach* lo defino como aquella persona que, en base a un proceso de indagación o introspección que nos incita a base de preguntas, nos va guiando hasta que nosotros mismos, por nuestros propios medios, encontramos la respuesta.

Nos hace viajar a ese espacio dentro de nosotros en el que residen nuestras dudas, nuestras preocupaciones, nuestras inquietudes, nuestras creencias o todo aquello que puede llegar a ser un anclaje, positivo o no, para que lo abordemos por propia iniciativa.

Suele ser un problema que en demasiadas ocasiones creemos que podemos convertirnos en un *coach* simplemente asistiendo a un curso de cien horas, y que entonces ya podemos acompañar a personas a conseguir sus retos. Pero no. Hace falta algo más.

Creo que la palabra *coach* o entrenador es preciosa, dulce, y transmite la esencia de acompañar a personas. A todas aquellas personas que hemos sido entrenadores de algún deporte nos duele ese mal uso que algunas personas hacen de esta palabra.

Pero también hay muchas buenas personas *coach* con años de preparación y experiencia que están haciendo un gran trabajo, que se han preparado y son totalmente necesarias.

El segundo rol es el de **mentor** y también hace preguntas de indagación, pero aquí hay dos diferencias claras.

La primera es que, para ser mentor, debemos tener experiencia en la temática que acompañamos y, como persona que acompaña, se espera de nosotros que demos nuestra opinión, aunque la decisión siempre sigue siendo de la persona acompañada.

La otra diferencia, que para mí es muy importante, es que el mentor se basa mucho más en el presente, en la duda de ese momento, y no se focaliza tanto en el pasado para llegar al presente. Es más operativo y ejecutivo.

Este rol de mentor encaja al cien por cien en personas u organizaciones que están en pleno proceso de transformación. Por este motivo se suele utilizar tanto en entornos de innovación, de emprendimiento o de transformación digital.

Este rol tiene otra ventaja, que nosotros utilizamos con algunos de nuestros clientes. Es el *peer to peer mentoring*. Es decir, un acompañamiento que se hace entre personas del mismo nivel y de la misma organización. Este formato aporta grandes beneficios, pues optimiza al máximo el conocimiento de las personas de la organización.

Y el tercer rol es el de *advisor*. Se puede decir que es un mentor capaz de visualizar el futuro y, desde el futuro, trabajar el presente para llevarlo a ese futuro definiendo estrategias y acciones para ello.

Este rol de *advisor* suele ser muy común en entornos de más estrategia, de más complejidad y de mucha más incertidumbre, lo que es más común en entornos de dirección o comités de dirección.

Y el tercer y último punto para el tema del acompañamiento es el siguiente: ¡Que se base en la solución y no en la duración!

Estoy convencido de que un buen *coach*, un *coach* ejecutivo, un mentor o un *advisor* deben basarse en la solución y en la propuesta, nunca en la duración.

He visto muchos procesos de acompañamiento basados en el tiempo o en sesiones, en los que en demasiadas ocasiones el tiempo se excede y se acaba convirtiendo en un facturar por facturar.

Está bien facturar y acompañar, pero debe llegar un momento cercano en el que se le diga al cliente: *¡Ya puedes y debes ir solo!*

Los que acompañamos tenemos que ponernos a prueba para ir un paso más allá y situarnos donde el cliente aún no ha llegado, para que después él quiera que le acompañemos y nosotros ya sepamos surfear las olas.

4. DEL MAMUT AL HUMANOIDE

Del «mamut o *sapiens*» al «mamut o humanoide», siendo el *sapiens* quien los impulsa.

1. DE LA EXTINCIÓN DEL MAMUT A LA IRRUPCIÓN DE LA IA

¿Cómo conecta el mamut con la inteligencia artificial?

Posiblemente, para algunas personas, conectar la extinción de los mamuts con la irrupción de la inteligencia artificial y los humanoides sea un mero ejercicio de imaginación. Sin embargo, si nos tomamos un tiempo para observar con atención, podemos descubrir numerosos puntos en común que nos invitan a reflexionar.

La extinción de los mamuts, como resultado de cambios climáticos y de la presión de la adaptación humana, nos resuena al desafío contemporáneo de integrar tecnologías emergentes en un mundo que también está en constante transformación. Al igual que los mamuts debieron enfrentar un entorno cambiante, nosotros debemos lidiar con la disrupción que la inteligencia artificial introduce en nuestras vidas y en nuestras organizaciones.

Además, entender estas conexiones puede ser fundamental para nuestra evolución como especie. Así como los humanos de antaño aprendieron a adaptarse a su entorno, ahora nos enfrentamos a la necesidad de adaptarnos a nuevas realidades tecnológicas.

La inteligencia artificial y los humanoides no son solo herramientas, sino reflejos de nuestras propias capacidades y limitaciones. Al explorar la relación entre la extinción de los mamuts y el avance tecnológico, podemos aprender a anticipar y mitigar los riesgos asociados con la innovación, fomentando un futuro en el que la tecnología y la humanidad coexistan de manera armónica y enriquecedora.

En 2013, cuando publicamos *Mamut o Sapiens*, ya señalamos que la principal diferencia entre los mamuts y los *sapiens* radicaba en cómo cada uno interactuaba con su entorno. Esta interacción fue clave en su destino: mientras unos se extinguieron, otros evolucionaron.

Hoy, en pleno 2025, la inteligencia artificial está redefiniendo drásticamente la manera en que nos relacionamos con el mundo que nos rodea. Este impacto no solo transforma nuestras formas de comunicación y nuestras prácticas cotidianas, sino que también influye en nuestra forma de vivir y de evolucionar como sociedad.

La inteligencia artificial actúa como una nueva herramienta que exige adaptaciones y respuestas innovadoras para hacer frente a este entorno tan acelerado y disruptivo. A medida que aprendemos a integrar estas tecnologías en nuestras vidas, se hace crucial comprender que, al igual que los *sapiens* de antaño, debemos elegir cómo interactuamos con esta nueva realidad y con nuestro entorno. La capacidad de adaptarnos y evolucionar en este contexto determinará nuestro futuro, guiándonos hacia una coexistencia enriquecedora con las herramientas que hemos creado.

Por lo tanto, podemos afirmar que:

La manera en que los mamuts y los sapiens *interactuaron con su entorno, lo que llevó a la extinción de unos y a la evolución de otros, es comparable a lo que estamos experimentando y seguiremos viviendo con la llegada de la inteligencia artificial y los humanoides. Así como los* sapiens *transformaron piedras en herramientas para cazar y sobrevivir, hoy, gracias a la inteligencia artificial, estamos creando nuevas herramientas que nos permiten mejorar nuestro entorno y generar nuevas oportunidades.*

Asumiendo la existencia de esta conexión entre los mamuts y los humanoides, es fundamental identificar cuatro puntos clave que debemos tener en cuenta durante los procesos de transformación y evolución.

Son los siguientes:

- Innovación incremental y continuada.
- Sobrevivir es morir, vivir es evolucionar.
- Sostenibilidad.
- Ética y responsabilidad.

Lo que los *sapiens* hicieron en su época y lo que debemos hacer hoy en día con los humanoides es *fomentar pequeños cambios de manera incremental y sostenida en el tiempo*. En lugar de imponer transformaciones drásticas o radicales, los *sapiens* comprendieron que los ajustes graduales son más efectivos para adaptarse al entorno y sobrevivir a largo plazo, porque esta estrategia permite una adaptación más natural y minimiza el riesgo de desestabilizar el sistema en su conjunto.

De manera similar, al abordar la evolución y el desarrollo de los humanoides en la actualidad, es crucial aplicar este enfoque incremental. Los cambios pequeños y constantes permiten que las innovaciones tecnológicas se integren armoniosamente en nuestras vidas, reduciendo resistencias y maximizando su aceptación y utilidad. Este proceso gradual también facilita la evaluación y la corrección de errores a medida que surgen, asegurando un progreso sostenible que beneficie a la sociedad en su conjunto.

Debemos aprovechar todas las características humanas del humanoide para impulsar innovaciones incrementales que nos permitan avanzar. Estas innovaciones no solo deben facilitar nuestro progreso, sino también contribuir a nuestra evolución, integrando la tecnología de manera efectiva con lo mejor de nuestra humanidad.

En este punto es muy importante tener presente que *el progreso motiva* y que *el querer implica crecer*.

Establecer procesos de progreso continuo motiva a las personas, ya que pueden observar su crecimiento y evolución. Aquellos que son conscientes de su desarrollo *aman lo que hacen* y *aman con quién lo hacen*.

En segundo lugar, os recuerdo lo que dice otra de mis #albertinas: *Sobrevivir es morir, vivir es evolucionar.*

Los mamuts, ante las amenazas que enfrentaban, se centraron en huir como su principal estrategia de supervivencia. Esta respuesta instintiva, aunque comprensible, no fue suficiente para garantizar su continuidad como especie, lo que eventualmente llevó a su extinción. En contraste, los *sapiens* adoptaron un enfoque diferente: en lugar de simplemente sobrevivir, fueron mucho más proactivos y se enfocaron en vivir. Aplicaron su inteligencia para adaptarse, innovar y evolucionar, superando los desafíos que se les presentaban. Este enfoque proactivo fue clave para su éxito y perdurabilidad.

Hoy, los humanoides han llegado para ser una extensión de esa capacidad evolutiva que define a los *sapiens*. Están aquí para permitirnos continuar nuestro proceso de evolución, recordándonos que vivir y evolucionar son dos caras de la misma moneda.

Al integrar a los humanoides en nuestra sociedad, no solo podemos aspirar a sobrevivir, sino también a prosperar y a avanzar hacia un futuro más pleno y significativo. Este enfoque nos invita a ver la evolución como un viaje compartido, donde cada paso hacia adelante es una oportunidad para enriquecer nuestras vidas y las de quienes nos rodean, creando un impacto positivo en el mundo.

El tercer punto es la ***sostenibilidad***. Debemos enfocarnos en mejorar nuestros procesos para que sean más eficientes y sostenibles en el tiempo, transformando nuestras actividades de manera que puedan perdurar lo máximo posible. Lo más importante es pensar en el legado que dejaremos, ya que dicho legado garantizará la sostenibilidad de las acciones que hemos llevado a cabo.

En este contexto, se hace evidente el nuevo papel que asume el *sapiens* en este proceso. Pasamos de un rol reactivo de *extinción o evolución* a uno dinámico y directivo en la *extinción o evolución*.

Ahora, el *sapiens* actúa como un pivote, facilitando la dinámica del cambio y promoviendo una evolución sostenible en el tiempo. Este enfoque busca que dicha evolución sea no solo más eficiente y excelente, sino también más saludable para todos.

Y el último punto y no por ser el último el menos importante: *la ética y la responsabilidad*.

Una vez leí que *la ética es la estética del comportamiento*, lo que subraya que la ética va más allá de las palabras o los deseos; es una manifestación tangible de nuestras acciones.

En la actualidad, es fundamental reconocer que, desde la extinción de los mamuts, pasando por la evolución de los *sapiens*, hasta llegar a la era de los humanoides y la inteligencia artificial, nos enfrentamos a desafíos éticos que debemos abordar con seriedad.

Es crucial tener presente que estas nuevas tecnologías nos brindan la capacidad de crear realidades nunca vistas, lo que nos coloca en una posición en la que podemos actuar de maneras novedosas y potencialmente disruptivas. Sin embargo, esta gran disrupción también conlleva una tentación de actuar sin considerar las implicaciones éticas de nuestras decisiones.

Por lo tanto, es vital que reflexionemos sobre nuestras acciones y sus consecuencias en este nuevo contexto, para garantizar que nuestra evolución sea responsable y sostenible.

Debemos abordar los desafíos éticos en diversas áreas críticas:

- **Privacidad y protección de datos:** Es esencial garantizar que la información personal de las personas se maneje con responsabilidad y no se utilice de manera indebida. La protección de datos debe ser una prioridad para salvaguardar la privacidad individual.
- **Sesgos en algoritmos:** Debemos estar alerta ante los sesgos que pueden surgir de los algoritmos y de la gran cantidad de datos disponibles en la red. Estos sesgos pueden perpetuar diferencias injustas entre distintos grupos de personas en la sociedad, afectando su acceso a oportunidades y recursos.
- **Manipulación y desinformación:** La transparencia y la veracidad son fundamentales en la era de la información. Es crucial cuidar el uso ético de la inteligencia artificial para evitar la manipulación y la desinformación, asegurando que las nuevas realidades que se generen sean accesibles y comprensibles.
- **Acceso global:** Las soluciones tecnológicas deben estar al alcance del mayor número de personas posible, independientemente de su clase social o nivel económico. La inclusión es vital para asegurar que todos se beneficien de los avances tecnológicos.
- **Responsabilidad y rendición de cuentas:** Es fundamental que se genere empleo de manera justa y equitativa, garantizando que la creación de nuevas oportunidades beneficie a un amplio espectro de la población. La responsabilidad en la implementación de la tecnología debe ser un pilar de nuestro avance.
- **Despliegue de armas y seguridad:** Dada la capacidad de la inteligencia artificial para influir en la seguridad global, es necesario abordar con seriedad el potencial peligro que representa, comparable al uso de armamento convencional. La regulación y

el control en este ámbito son esenciales para prevenir abusos y garantizar la paz.

Para finalizar este capítulo, os resumo una reflexión que mi padre compartió conmigo en mi juventud:

El ser humano es el peor de los animales, es capaz de hacer cualquier cosa para sobrevivir y de matar sin necesidad de ello.

Al mirar hacia atrás, a mis cincuenta y dos años, entiendo más que nunca la sabiduría que hay detrás de sus palabras. Por ello, ahora intento aprender de él y de mi madre, y afirmo:

Ayuda al mamut a evolucionar, y, si debe extinguirse, que sufra lo menos posible. Aprovecha la tecnología para transformar, pero nunca dejes de acompañar.

Esta lección resuena profundamente en nuestro contexto actual. En un mundo donde la tecnología avanza rápidamente, recordemos que nuestra humanidad debe ser el hilo conductor de nuestros actos.
¡Convivamos, construyamos y acompañemos a las personas de nuestro entorno hacia un futuro próspero!

2. LA HUMANA, LA BASE DE LA ARTIFICIAL
La inteligencia humana es la que crea la artificial

Cuando se habla de inteligencia artificial, se explica como si algo creado por el azar o que surge de un agujero negro pusiera la IA en el centro del planeta Tierra.

Es obvio que la IA no ha sido creada así, pero precisamente, por obvio, demasiadas veces nos olvidamos de recordarlo y, al no reforzarlo, corremos el riesgo de perder la conciencia de qué es realmente la IA, de quién la crea y quién la gestiona.

En otras palabras, os invito a leer la siguiente frase que formuló Satya Nadella, director ejecutivo de Microsoft:

«Los humanos agregarán valor donde las máquinas no pueden. A medida que avance más y más la inteligencia artificial, la inteligencia real, la empatía real y el sentido común real serán escasos. Los nuevos trabajos se basarán en saber cómo trabajar con máquinas, pero también en cómo impulsar estos atributos humanos únicos».

Fijaos con detalle en cada una de las afirmaciones que se plantean, y veréis cómo la IA es, en esencia, una nueva herramienta que ha venido a ayudarnos. Si la utilizamos de manera adecuada, puede incrementar el nivel de inteligencia de nuestra sociedad, algo que realmente necesitamos.

En primer lugar, se manifiesta claramente que quien agrega valor y, por lo tanto, es la base de la inteligencia de las máquinas, es el ser humano, ya que este es su ideador y creador. Luego, se nos recuerda que, ante el asombroso avance de estas herramientas, los factores humanos de la inteligencia real, la empatía y el sentido común serán cada vez más escasos, convirtiéndose en bienes de alto valor.

Este gran valor diferencial que se basa en la esencia de los valores humanos vuelve a situar al ser humano en el primer plano, con sus aciertos, sus errores y todos los componentes que lo determinan.

Estos valores humanos, que nos son únicos, se vinculan directamente con un concepto apasionante que la inteligencia artificial aún no está preparada para abordar, y a corto plazo, no creo que lo esté. ¿Cuál es ese concepto? *La autenticidad.*

Las personas auténticas son aquellas que suelen ser distintas a la mayoría y que suelen actuar y hacer cosas muy fuera de lo común y de los patrones sobre los que se mueven el resto de las personas. Son personas que se muestran tal como son, aceptando que están fuera de los marcos establecidos y haciendo de esta diferencia y autenticidad su sello personal y vital.

La mayoría de estas personas tienden a generar incomodidad y, a menudo, se sienten rechazadas por quienes prefieren permanecer dentro de su zona de confort. En contraste, las personas auténticas prosperan fuera de esa zona, donde encuentran oportunidades para crecer, descubrir cosas nuevas y, en esencia, vivir plenamente.

Esta autenticidad, este valor único del ser humano, les permite tomar decisiones innovadoras que nadie había considerado antes, o bien abordarlas de maneras diferentes a como se había hecho hasta ese momento.

En última instancia, son individuos que eligen vivir fuera de los patrones convencionales, desafiando las normas establecidas y aportando una frescura única a su entorno.

¿Y la inteligencia artificial son patrones? Pues sí. La tecnología suelen ser patrones.

Los expertos en inteligencia sostienen que lo que conocemos como inteligencia artificial no es realmente inteligencia en sí misma, sino más bien una capacidad acelerada y amplificada para interpretar patrones. A partir de esta interpretación, la IA puede generar conclusiones, deducciones, hipótesis e interpretaciones.

Aunque la IA produce resultados asombrosos, en esencia su funcionamiento se asemeja a ensamblar muebles de IKEA: sigue instrucciones claramente definidas, pero lo hace de una manera mucho más creativa y eficiente. Así, mientras la IA puede sorprendernos con su ingenio, siempre actúa dentro de los límites de los patrones que le han sido proporcionados.

La IA necesita al ser humano por dos motivos principales, que son la base que la forma, la determina y la mantiene:

- Para alimentarla de patrones.
- Para decirle qué hacer.

La inteligencia artificial y, por extensión, el humanoide, requieren mucho más que una simple apariencia humana o un conjunto de características definitorias. Para que estas tecnologías alcancen su máximo potencial es fundamental que estén alimentadas por una vasta cantidad de datos y patrones que reflejen la complejidad y diversidad de la experiencia humana.

Esto incluye patrones de conducta que permiten a la IA comprender y predecir comportamientos, así como una rica base de imágenes que le otorga la capacidad de reconocer y reaccionar a su entorno de manera contextual. Solo así podrá ofrecer interacciones significativas y útiles, realmente alineadas con las necesidades y matices de la vida humana.

Además, el conocimiento es un componente esencial para la IA, ya que le permite procesar información, tomar decisiones y resolver problemas de manera eficaz. Este conocimiento no se limita a hechos y cifras; también abarca una comprensión profunda de las emociones humanas, lo cual es crucial para que los humanoides interactúen de manera empática y significativa con las personas. La capacidad de interpretar y responder a emociones posibilitará a los humanoides convertirse no solo en herramientas avanzadas, sino en compañeros que entienden y apoyan a los seres humanos en su vida diaria.

Finalmente, cualquier tipo de patrón repetitivo que se pueda identificar en la vida cotidiana se convierte en un recurso valioso para la IA. Estos patrones permiten que el humanoide aprenda y se adapte continuamente, refinando sus respuestas y acciones en función de experiencias pasadas. Este proceso de aprendizaje constante asegura que los humanoides puedan evolucionar junto a nosotros, mejorando su capacidad para asistirnos en tareas complejas y facilitando una mejor calidad de vida. Así, la IA, nutrida por estos múltiples patrones, se transforma en un reflejo dinámico y en constante evolución de la humanidad misma, capaz de acompañarnos y ayudarnos en nuestro propio proceso de evolución.

Por ejemplo, si le pedimos a la inteligencia artificial que genere una imagen de un mamut caminando por las calles de una ciudad, buscará imágenes de mamuts y las fusionará con patrones de entornos urbanos. Analizará una variedad de datos y patrones aportados por otros usuarios, y, a partir de esa información, creará una representación visual de un mamut transitando por una gran ciudad. Este proceso ilustra cómo la IA combina diferentes elementos para generar algo nuevo y creativo, aprovechando la riqueza de datos que ha recopilado.

Luego, dependiendo de las propuestas que nos presente, junto con los matices que solicitemos, el sistema irá ajustando y refinando sus respuestas. A medida que repitamos este proceso varias veces, la IA aprenderá y se entrenará continuamente, comprendiendo mejor nuestras preferencias y patrones de interacción. Así, se vuelve cada vez más precisa y relevante en sus respuestas, adaptándose a nuestras necesidades de manera más efectiva.

Este comportamiento de patrones también se observa en los drones, que utilizan coordenadas para moverse mientras son conducidos. Sin embargo, cuando un dron se encuentra en una zona en la que no hay un mapa ni coordenadas GPS, pierde su capacidad de funcionar de manera inteligente y artificial.

En esos momentos, cuando la IA no tiene información o no sabe cómo proceder, es fundamental que el ser humano vuelva a alimentar la base de datos y los patrones. Esto permitirá que la IA genere posteriormente una imagen o respuesta que sea satisfactoria y útil.

El sistema no creará la imagen, porque le falta información de estos patrones. Por ejemplo:

- ¿Hay patrones de mamuts sentados en un sofá?
- ¿Hay patrones de *sapiens* vestidos en traje y corbata en medio de una oficina de una empresa?
- ¿Hay patrones de humanoides dentro de una cueva y comiendo fruta?
- Etc.

Todo aquello que la IA no encuentra o todo aquello que no sabe interpretar adecuadamente —especialmente si lo hace de una manera que no se alinea con nuestros deseos—, requiere un proceso de entrenamiento. En otras palabras, debemos invertir horas de práctica y tiempo frente al ordenador para alimentar estos algoritmos.

Este entrenamiento implica no solo proporcionar datos y contexto, sino también ofrecer *feedback* constante sobre las respuestas generadas. A medida que interactuamos con la IA, le enseñamos a comprender nuestras preferencias y a ajustar sus interpretaciones según nuestras expectativas.

Este proceso puede ser tedioso y laborioso, pero es esencial para maximizar el potencial de la inteligencia artificial y asegurar que sus respuestas sean relevantes y satisfactorias. Con dedicación y tiempo, la IA puede volverse más precisa y alineada con nuestros objetivos, permitiendo así una colaboración más efectiva y enriquecedora entre humanos y máquinas.

Dicho de una manera más sencilla. La IA, por sí sola, no es nada. El ser humano, por sí solo, es mucho. El ser humano que sabe aplicar la IA puede ser más humano y eficiente.

Porque la inteligencia artificial se basa en la inteligencia humana. Porque los patrones que la nutren provienen de nuestras propias experiencias y conocimientos. Porque, al integrar de manera armoniosa la inteligencia humana con la artificial, no solo potenciaremos la tecnología, sino también nuestra propia humanidad.

3. ¿QUÉ ES UN HUMANOIDE?

Humanoide: ser, estar o hacer

Según la Real Academia Española de la Lengua, la palabra «humanoide» significa «que tiene forma o características de ser humano».

Por lo tanto, podríamos decir:

Un humanoide es una tecnología que se expresa en forma total o parcial como un humano. También puede disponer de características humanas que le permitan realizar ciertas acciones o tareas que anteriormente hacía el ser humano, y hacerlas de una forma más eficiente.

Veamos ejemplos, tanto de la forma humana como de las características de ser humano del humanoide y observaremos cómo la tecnología nos une.

Un humanoide puede adoptar diversas formas y desempeñar múltiples roles: desde modelo en pasarelas de moda hasta mover cajas en un almacén, actuar como asistente en la cocina, funcionar como friegaplatos, ser un combatiente militar, cuidar de personas mayores o trabajar como asistente de enfermería, entre otros muchos ejemplos que seguramente se nos pueden ocurrir.

La adaptación de características humanas al diseño de un humanoide es evidente y generalmente aceptada. Sin embargo, la complejidad surge cuando intentamos desglosar y analizar las características humanas que la tecnología debe replicar. Esto implica no solo la imitación de acciones físicas, sino también la incorporación de habilidades sociales, emocionales y cognitivas que permiten una interacción efectiva y empática con los seres humanos.

La verdadera esencia de un humanoide no radica únicamente en su apariencia física, sino en su capacidad para comprender y responder a las sutilezas de la experiencia humana. Por este motivo, más allá de la apariencia física del humanoide, debemos analizar dos puntos.

1. Las características humanas.
2. La inteligencia humana.

No profundizaremos en el estudio, análisis ni desarrollo de las **características humanas**, ya que no es el objetivo principal del libro que tenéis en vuestras manos. Sin embargo, es beneficioso recordar algunas de estas características fundamentales, ya que nos ayudarán a entender mejor la relación entre los seres humanos (los *sapiens*) y los humanoides.

Aspectos como la empatía, la creatividad, la capacidad de razonamiento crítico y la adaptación emocional son solo algunos ejemplos que ilustran la riqueza de la experiencia humana y su complejidad.

Reconocer estas características humanas nos permite apreciar la diferencia entre la inteligencia artificial y la inteligencia humana. A pesar de que la tecnología puede replicar ciertas funciones y comportamientos, la profundidad emocional y la capacidad de entender el contexto social son exclusivas de los humanos. Al tener en cuenta estas distinciones, podemos evaluar de manera más efectiva cómo los humanoides pueden integrarse en nuestra vida cotidiana, no solo como herramientas, sino como aliados que complementan nuestras capacidades y enriquecen nuestras interacciones.

Características como ser bípedos, que implica una estructura física adaptada para el movimiento y la manipulación del entorno; poseer un cerebro altamente desarrollado, que posibilita el lenguaje; tener la autoconciencia, que permite la gestión de emociones; contar con la capacidad de aprendizaje y desarrollo cultural, y vivir en sociedad, junto con la habilidad de utilizar herramientas, son fundamentales para la condición humana.

Estas características pueden ser potenciadas por la tecnología, lo que nos facilita ser más eficientes en diversas tareas. Sin embargo, otros aspectos —como la moralidad, la ética, la coherencia y la bondad— son esenciales para el tejido social y requieren atención y desarrollo constante.

Es en estos campos éticos y morales donde se presentan los retos significativos para avanzar como sociedad. Trabajar juntos en la búsqueda de consensos en torno a estos valores no solo fortalece nuestras relaciones interpersonales, sino que también establece un marco para la convivencia pacífica y el progreso colectivo.

La integración de la tecnología en nuestra vida debe ir acompañada de un compromiso con estos principios, asegurando que nuestra evolución como seres humanos y como sociedad sea tanto técnica como ética, enriqueciendo nuestra experiencia de vida y fomentando un futuro más justo y compasivo.

Vistas las características del ser humano, vamos a ver el segundo punto, tan o más importante que el anterior: la **inteligencia humana**.

Si analizamos las características humanas, como la inteligencia y sus diversas manifestaciones, podemos asociarlas a las inteligencias múltiples propuestas por Howard Gardner. Estas inteligencias incluyen la lógica-matemática, que se refiere a la capacidad para razonar y resolver problemas; la lingüística, que abarca la habilidad para usar el lenguaje de manera efectiva; la musical, que implica una sensibilidad hacia los ritmos y melodías; la espacial, que se relaciona con la capacidad de visualizar y manipular objetos en el espacio; la intrapersonal, que se refiere al conocimiento de uno mismo y la gestión de las propias emociones; la interpersonal, que abarca la habilidad para interactuar y entender a los demás; la naturalista, que implica una conexión con el entorno natural, y la kinestésica o corporal, que se refiere a la habilidad para utilizar el cuerpo de manera efectiva.

Cada una de estas inteligencias representa un aspecto valioso de la experiencia humana y contribuye a nuestra comprensión del mundo. Al integrar estas múltiples facetas en el desarrollo de tecnologías y humanoides, podemos crear herramientas que no solo imiten habilidades humanas, sino que también respeten y potencien las capacidades únicas de cada individuo.

Si conectamos el concepto de inteligencia con las funciones que puede desempeñar un humanoide, destacan numerosas capacidades impresionantes.

Por ejemplo, los humanoides pueden conducir vehículos de forma autónoma, eliminando la necesidad de una presencia física. Además, tienen la capacidad de capturar y analizar imágenes en tiempo real para detectar actividades sospechosas, como ladrones que corren por las calles de una ciudad. Utilizando la lógica matemática, pueden procesar millones de datos para identificar patrones de comportamiento, lo que resulta invaluable en diversas aplicaciones de la salud mental.

Asimismo, su capacidad lingüística les permite traducir múltiples idiomas mientras mantienen la voz original de la persona, facilitando la comunicación en entornos multiculturales.

También, a través de la inteligencia generativa, los humanoides pueden manifestar habilidades relacionadas con la inteligencia naturalista y pictórica, lo que les permite interactuar con su entorno de maneras creativas y contextuales. Estas funcionalidades demuestran que los humanoides no solo imitan capacidades humanas, sino que también amplifican nuestra comprensión y conexión con el mundo que nos rodea.

Todas estas características humanas, combinadas con la ciencia y la tecnología, convergen en un concepto que podemos denominar humanoide o inteligencia artificial, según lo que resulte más cómodo para cada uno.

Lo que realmente es importante es que asumamos la combinación de estos dos valores, y poner en valor una de las frases de Albert Einstein: *«El verdadero signo de la inteligencia no es el conocimiento, sino la imaginación»*.

Asumamos que estos humanoides, ya sea en forma física con características humanas o mediante tecnología sin un cuerpo humano visible, han llegado aquí con tres propósitos fundamentales.

1. Mejorar nuestra eficiencia.
2. Acelerar nuestra imaginación y creatividad.
3. Aumentar nuestro bienestar.

Los humanoides están diseñados para asumir tareas de menor valor añadido o aquellas en las que nuestra eficacia puede optimizarse. Al hacerlo, logran realizar estas actividades de manera más eficiente en términos de calidad, costes y tiempo.

Además, los humanoides potencian nuestra capacidad creativa, ya que, al combinar nuestra imaginación con los millones de datos e imágenes que maneja la inteligencia artificial, pueden surgir resultados verdaderamente extraordinarios gracias a esta combinación de humano y tecnología.

Pueden salir imágenes como un mamut sentado en la barra de un bar o tumbado en una camilla de un quirófano, puede salir un pódcast grabado en castellano, pero emitido en inglés, japonés u otro idioma y, así, tantas otras opciones que iremos contando y avanzando.

Este incremento en la eficiencia de nuestras actividades, junto con la creatividad e imaginación potenciadas por la tecnología, contribuye significativamente a aumentar nuestro bienestar físico y emocional, pues, al realizar las tareas de manera más efectiva, ganamos tiempo libre, lo que nos permite disfrutar de otras actividades.

Además, la mejora en la calidad de nuestro trabajo refuerza nuestra confianza, y nos brinda bienestar emocional al poder concentrarnos en lo que realmente aporta valor, nos motiva y nos ilusiona.

Hemos empezado al capítulo diciendo: *Humanoide es ser, estar o hacer.*

Asumamos, pues, que los humanoides, con o sin cuerpo humano, con más o menos características de ser humano, son una tecnología que está aquí para mejorar nuestras vidas y nuestras organizaciones.

¡Recordad!

- Son una realidad.
- Existen para complementarnos.
- Hacen cosas para que seamos mejores.

Así que aprovechemos la oportunidad de que estos humanoides nos ayuden a transformar a los mamuts en *sapiens*, fomentando una colaboración entre los tres: mamuts, *sapiens* y humanoides.

Juntos, podremos trabajar de manera integrada para construir un mundo mejor y más sostenible.

4. ¿CÓMO CONECTA LA EVOLUCIÓN CON LAS CAPACIDADES DE LA IA?
Binomio de personas y tecnología

Comprender las conexiones entre la evolución humana y las capacidades de la inteligencia artificial nos permitirá aprovechar todo su potencial y, de esta manera, obtener los máximos beneficios posibles que nos ayuden a una mejor transformación y evolución.

Antes de explorar estas conexiones, sería conveniente definir claramente qué entendemos por *capacidades de la IA*.

Por **capacidades de la IA** nos referimos a todas aquellas habilidades que permiten a la tecnología realizar tareas que tradicionalmente han sido ejecutadas por el ser humano utilizando su propia inteligencia natural. Estas capacidades abarcan un amplio espectro de actividádes, desde aquellas que son fundamentales y universales para cualquier tipo de inteligencia hasta habilidades muy especializadas que requieren un conocimiento o destreza específicos.

Conectando estas capacidades de la IA con las capacidades humanas, podemos ver cómo la mentalidad mamut se aferra a lo conocido y evita el cambio sin desarrollar nuevas capacidades, mientras que la *sapiens* evoluciona y adopta nuevas habilidades, como por ejemplo las que ofrece la inteligencia artificial. Mientras los *sapiens* integran estas capacidades para realizar tareas antes reservadas a la inteligencia humana, los mamuts quedan estancados, incapaces de aprovechar las oportunidades que el cambio ofrece.

En resumen, las **capacidades de la IA** abren un sinfín de posibilidades para transformar y evolucionar sectores enteros de la sociedad y la economía de una forma radical, al tiempo que nos plantea nuevos desafíos éticos y sociales sobre cómo integrar estas capacidades en nuestras vidas.

Ante toda situación, podríamos preguntarnos: *¿cuál es la principal conexión entre la evolución humana y las capacidades de la IA?* Y la respuesta es que radica en el uso de herramientas.

Desde el momento en que el *Homo sapiens* utilizó una piedra para crear puntas de flechas hasta el presente, con IA como ChatGPT escribiendo *posts*, la humanidad ha buscado ser más eficiente a través de la creación y el uso de herramientas para salvaguardar su propia supervivencia y la evolución como especie.

De la misma manera que los primeros humanos aprendieron a combinar agua y minerales para plasmar pinturas que comunicaban experiencias en las paredes de las cuevas, hoy utilizamos la IA generativa para crear imágenes o vídeos que explican ideas de formas que jamás hubiéramos imaginado.

Así, la inteligencia artificial se posiciona como la última herramienta en una larga evolución de tecnologías que el ser humano ha desarrollado para mejorar su entorno y expandir sus capacidades.

Asumiendo cómo las herramientas nos ayudan en los procesos de transformación, ahora es importante reflexionar sobre las capacidades que aporta la IA. Podemos identificar los siguientes cuatro aspectos clave que conectan directamente con la evolución humana y con nuestra capacidad de transformación. Son:

1. Desarrollo de la inteligencia.
2. Evolución en los procesos organizativos.
3. Replicabilidad.
4. Impacto en la sociedad.

Empecemos por el **desarrollo de la inteligencia.**

Si algo ha marcado la evolución de nuestra especie ha sido el desarrollo de nuestra inteligencia y, en este sentido, la contribución de la inteligencia artificial no tiene precedentes. Como ya hemos comentado, mientras que los mamuts y otras especies quedaron atrapadas en las limitaciones de su entorno y eventualmente se extinguieron por no haber desarrollado una inteligencia adaptativa, el *Homo sapiens* supo utilizar y desarrollar su capacidad para observar, aprender y cuestionar su realidad. Esta curiosidad y habilidad para manipular su entorno permitió a los *sapiens* no solo sobrevivir, sino prosperar en circunstancias adversas.

Hoy en día, la IA se ha convertido en una herramienta que amplía nuestras capacidades cognitivas. A diferencia de tecnologías pasadas, la IA no solo aprende de las interacciones humanas y de los datos que le proporcionamos, sino que también desarrolla su propia inteligencia, ajustándose y mejorando continuamente en función de nuevas experiencias y datos.

Esta capacidad de *aprender de manera autónoma* no solo replica la evolución del intelecto humano, sino que la potencia al ofrecer soluciones a problemas complejos de una manera más rápida y eficiente. De esta forma, la IA está impulsando una nueva fase en la evolución humana, donde nuestras habilidades para resolver problemas, generar conocimiento y adaptarnos al entorno se ven ampliadas exponencialmente.

El segundo aspecto es tener presente la **evolución en los procesos organizativos.**

Uno de los puntos cruciales donde la inteligencia artificial ha dejado su huella es en la manera en que nos organizamos. En la naturaleza, especies como los mamuts se extinguieron, en parte, porque carecían de la capacidad para reorganizarse de forma eficiente. Las manadas menos adaptadas no lograron desarrollar estrategias colectivas que les permitieran sobrevivir, lo que las llevó a la desaparición.

En contraste, los *Homo sapiens* evolucionaron gracias a su capacidad para colaborar, adaptarse y reorganizarse en función de nuevas circunstancias, lo que les permitió sobrevivir en entornos difíciles gracias a lo que llamamos *tropas de sapiens*. Hoy, la IA está llevando esa capacidad adaptativa un paso más allá, permitiendo a las organizaciones humanas ser más flexibles, distribuidas y resilientes.

Gracias a la IA, los equipos especializados ya no están limitados por la ubicación geográfica ni por su tamaño. Pueden colaborar desde cualquier parte del mundo, como si estuvieran trabajando codo a codo en la misma sala. Esto ha permitido a las organizaciones optimizar sus procesos, reducir los riesgos de ineficiencia y estancamiento, y aprovechar el talento global de manera más eficiente.

La IA, al facilitar la coordinación y automatización de tareas, ha revolucionado la forma en que las empresas y organizaciones operan, transformándolas en estructuras más ágiles y de alto rendimiento preparadas para enfrentar los desafíos del futuro.

El tercer factor clave es la **replicabilidad.**

Una de las transformaciones más revolucionarias que ofrece la inteligencia artificial es su capacidad para replicar conocimiento, emociones y experiencias a una escala global, algo impensable en tiempos anteriores.

Este fenómeno es comparable a una *multiplicación de los panes y los peces*, donde el acceso al conocimiento y las habilidades ya no está limitado por fronteras físicas o culturales. La IA permite que lo aprendido por una persona o sistema pueda ser transmitido y replicado de manera instantánea y eficiente, beneficiando a millones de personas a un coste mucho menor.

Si observamos la naturaleza, especies como los mamuts no pudieron adaptarse y transmitir sus conocimientos de forma masiva a toda la manada y prevenirlos de una manera efectiva frente a cambios ambientales u otras amenazas que los rodeaban, lo que contribuyó a su extinción. En contraste, los *sapiens* no solo sobrevivieron, sino que prosperaron, porque supieron compartir y replicar conocimientos de generación en generación, mejorando continuamente su capacidad para resolver problemas y adaptarse a nuevas circunstancias.

Hoy en día, la IA amplifica esa capacidad de replicabilidad de manera exponencial. Un descubrimiento en un campo específico puede ser implementado en diversos sectores y regiones del mundo en cuestión de segundos. Esto no solo nos hace más productivos, sino que también transforma nuestras formas de aprender y experimentar.

Y el cuarto aspecto, también muy determinante, es el **impacto en la sociedad.**

El impacto de la inteligencia artificial en la sociedad es un fenómeno profundamente transformador y, a la vez, polarizador.

Al igual que la evolución del *Homo sapiens* marcó una ruptura en la historia de la vida en la Tierra, la IA está provocando una nueva disrupción en la forma en que vivimos y trabajamos. Si bien esta tecnología puede hacernos más eficientes, productivos y resilientes, también trae consigo complejos desafíos éticos y sociales que no podemos ignorar.

Hoy en día, la IA es nuestra nueva herramienta, y, aunque promete mejorar nuestras capacidades en múltiples áreas, también plantea una disyuntiva evolutiva.

¿Seremos capaces de gestionar sus riesgos, o nos veremos superados por las consecuencias de su mal uso?

Estamos en un momento clave en la historia, donde el impacto de la IA en la humanidad será significativo y duradero. La misma tecnología que puede ayudarnos a resolver problemas globales también tiene el potencial de crear desigualdades, erosionar empleos tradicionales y poner en peligro nuestra privacidad y libertad.

En ese sentido, el papel que juegue la IA en el futuro dependerá de cómo elijamos integrarla en nuestra sociedad, asegurando que sus beneficios se utilicen de manera justa y ética.

Así como los *sapiens* lograron evolucionar utilizando su inteligencia para sobrevivir en un mundo cambiante, la humanidad de hoy debe encontrar el equilibrio entre aprovechar las capacidades de la IA y mitigar los riesgos asociados a su implementación.

El éxito de esta nueva fase evolutiva dependerá, en última instancia, de nuestra capacidad para adaptarnos a los desafíos éticos y sociales que la IA nos plantea, sin repetir los errores que llevaron a la extinción de especies que no supieron ajustarse a su entorno.

Sin embargo, debemos recordar tres cosas fundamentales:

1. **Somos humanos.** Los éxitos y vicios del ser humano seguirán reflejándose en la IA, ya que somos sus creadores.
2. **No todo lo que trae la IA es bueno o malo**: el éxito radica en encontrar un equilibrio adecuado.
3. **No es la primera vez que nos enfrentamos una revolución tecnológica**; cada avance, desde la rueda hasta la electricidad y los ordenadores, ha generado debates similares.

Un legado de esperanza

Para cerrar, me gustaría compartir una reflexión profunda que nos ofreció mi apreciado padre abad Ignasi Fossas, monje benedictino, durante una reunión con empresarios. Mientras debatíamos sobre cómo los principios de la vida monástica podrían aplicarse al mundo empresarial moderno, el padre Ignasi dijo algo que considero esencial para entender el futuro que estamos construyendo:

> *La única cosa que no ha evolucionado en miles de años es el corazón humano.*

Esta afirmación nos invita a reflexionar sobre lo que realmente permanece inmutable a lo largo de la historia. Mientras los mamuts desaparecieron por no adaptarse, y los *sapiens* evolucionaron utilizando su inteligencia para sobrevivir y prosperar, el corazón humano ha permanecido constante en sus valores esenciales.

El hecho de que el corazón humano no haya evolucionado no significa que sea defectuoso. Al contrario, su naturaleza inalterable es un reflejo de algo que fue creado como perfecto y único.

Tal como los *sapiens* aprovecharon su inteligencia para avanzar, hoy estamos entrando en una nueva era en la que la inteligencia artificial y los humanoides son herramientas que pueden amplificar nuestras capacidades.

En ese proceso trascendente para la sociedad, no debemos perder de vista lo que realmente importa: nuestros valores fundamentales, nuestra compasión y nuestra humanidad.

5. ¿CUÁLES SON LAS CAPACIDADES DE LA IA AL SERVICIO DE LA TRANSFORMACIÓN?

Conocer para conectar con la evolución

En este capítulo profundizaremos en cómo las capacidades de la IA se relacionan con la transformación y cómo están al servicio de potenciarla. La transformación, entendida como un proceso continuo y adaptativo, requiere el desarrollo de capacidades o habilidades específicas que permitan a las organizaciones responder de manera ágil y eficiente a los retos actuales.

Para este propósito, describiremos detalladamente las capacidades que nos ofrece la inteligencia artificial y su papel como motor de cambio. Explicaremos qué significa cada una de estas cuatro grandes capacidades y, además, intentaremos descifrar cómo se conectan con la transformación que hemos expuesto en la primera parte del libro.

Hablaremos de las siguientes capacidades:

1. Descriptiva.
2. Predictiva.
3. Prescriptiva.
4. Autónoma.

Empecemos con la **IA descriptiva,** con la que entenderemos el pasado a través de los patrones.

La IA descriptiva es la base de todo análisis sobre el que poder construir proyectos o soluciones que nos ayuden a transformar nuestras organizaciones. Se centra en el uso de datos históricos para describir lo que ha sucedido en una organización o sector. A través de este reconocimiento de patrones, esta capacidad de la IA puede analizar grandes volúmenes de datos para ofrecer una comprensión más profunda de eventos pasados. Esto permite a las organizaciones identificar tendencias, puntos críticos y áreas de mejora.

Por ejemplo, en el contexto de ventas, la IA descriptiva puede analizar datos de ventas pasadas, comportamientos de clientes y fluctuaciones de mercado para entender qué productos se vendieron mejor en determinadas épocas o qué factores influyeron en la disminución de las ventas.

Además, si esta información de venta la cruzamos con los datos objetivos de la mentalidad de los comerciales, podremos comprender y descubrir correlaciones, motivos o causas sobre dichos resultados, sean positivos o negativos.

Este tipo de análisis descriptivo también se puede aplicar en recursos humanos, finanzas o marketing, ayudando a comprender comportamientos y optimizar la gestión interna. La IA descriptiva actúa como el punto de partida para construir una organización más ágil y con mayor capacidad de respuesta, ya que facilita el entendimiento profundo de los datos que las organizaciones ya tienen a su disposición.

¿Y si esto lo llevamos a los mamuts, *sapiens* y humanoides?

Imaginemos a los mamuts caminando por las inmensas praderas, enfrentando cambios en su entorno: variaciones climáticas, depredadores y desafíos de supervivencia. Los mamuts, aunque grandes y fuertes, carecían de la capacidad para describir y analizar su entorno de manera precisa. No podían reconocer patrones de cambio o anticipar futuros peligros más allá de su instinto inmediato. Dependían de respuestas básicas, inmediatas y automáticas que les habían permitido sobrevivir durante miles de años, pero que no les permitían adaptarse a nuevos desafíos o escenarios complejos.

Los *sapiens*, en cambio, aunque mucho más frágiles en términos físicos, poseían una ventaja crucial: la capacidad de analizar su entorno y describirlo, aunque de forma más lenta y deliberada. Podían observar, registrar y aprender de su entorno, lo que les permitía identificar patrones a lo largo del tiempo. A través de este proceso de observación y reflexión, podían adaptarse a nuevas circunstancias, desarrollar estrategias de supervivencia y anticipar peligros u oportunidades antes de que se manifestaran completamente. Sin embargo, este proceso de análisis aún era laborioso y requería tiempo.

Ahora, en la era de los humanoides y la inteligencia artificial, este proceso ha cambiado drásticamente. Los humanos, con la ayuda de la IA, han acelerado exponencialmente su capacidad para describir el entorno de manera precisa y en tiempo real. A diferencia de los *sapiens* primitivos, que analizaban su entorno lentamente, los sistemas de IA pueden procesar enormes cantidades de información, identificar patrones ocultos y generar análisis completos en cuestión de segundos. Los humanoides, equipados con estas capacidades, no solo describen el mundo con mayor exactitud, sino que también son capaces de predecir y actuar de manera más efectiva que nunca en la historia de la humanidad.

Con la IA, los humanos han alcanzado una nueva fase de comprensión del entorno, en la que el análisis rápido y certero ya no es una barrera, sino una herramienta esencial para la transformación y adaptación.

La segunda de las capacidades, la **IA predictiva,** nos ayudará a anticiparnos al futuro con datos.

La IA predictiva, en cambio, da un paso más allá. No solo se limita a describir el pasado, sino que, basándose en los patrones identificados y utilizando otra información, busca anticipar lo que puede suceder en el futuro. Aquí es donde las organizaciones realmente se adentran en la lógica *Data-Driven* (basada en datos), ya que comienzan a tomar decisiones informadas en función de lo que la IA predice.

Este tipo de IA es crucial en áreas como la gestión de riesgos, el comportamiento del cliente o la logística. En una cadena de suministro, por ejemplo, la IA predictiva puede anticipar interrupciones basándose en patrones de clima, disponibilidad de recursos y comportamiento del mercado. De esta manera, las organizaciones pueden prepararse para eventuales problemas y optimizar sus operaciones antes de que ocurran dificultades.

De manera similar, en marketing, la IA predictiva puede predecir qué clientes tienen más probabilidades de realizar una compra en función de su comportamiento previo, lo que permite a las organizaciones personalizar sus estrategias y ofrecer promociones dirigidas de manera mucho más eficaz. Con esta capacidad, las empresas logran adelantarse a los cambios, posicionándose de manera más proactiva en un entorno competitivo.

Y la IA predictiva, ¿cómo conecta con la extinción de los mamuts, la evolución de los *sapiens* y la aparición de los humanoides?

Los mamuts solo dependían principalmente de respuestas instintivas a su entorno inmediato, lo que los dejó vulnerables tanto a los cambios ambientales como a la presión de los cazadores humanos. En este contexto, si hubieran tenido una inteligencia predictiva similar a la de los *sapiens*, habrían sido capaces de identificar patrones emergentes en su entorno y actuar con mayor anticipación para evitar la extinción.

Por otro lado, los *sapiens* poseían una capacidad mucho más desarrollada para observar, analizar y predecir. Aunque su proceso era más lento y dependía de la acumulación de experiencia y conocimiento, los *sapiens* lograron identificar cambios en su entorno y adaptar sus estrategias de supervivencia. En cierto sentido, los *sapiens* operaban como una forma primitiva de IA predictiva, pero su evolución estuvo limitada por la velocidad con la que podían procesar la información.

Con la aparición de los humanoides equipados con IA predictiva, esta capacidad se ha llevado a un nivel sin precedentes. El salto evolutivo que representan los humanoides es una extensión de la capacidad predictiva que permitió a los *sapiens* superar desafíos, pero ahora potenciada exponencialmente por la tecnología.

En conclusión, la IA predictiva conecta el pasado y el futuro de nuestra capacidad de adaptación. La tecnología no solo nos ayuda a predecir el futuro, sino también a influir activamente en él, transformando nuestra relación con el entorno y nuestra propia evolución.

La tercera capacidad sobre la que vamos a reflexionar es la **IA prescriptiva,** basada en prescribir o recomendar las mejores acciones.

La IA prescriptiva es la evolución natural de las capacidades predictivas. No solo predice lo que puede suceder, sino que también recomienda acciones que se deben tomar en función de las proyecciones obtenidas. Utilizando modelos matemáticos y datos históricos, la IA prescriptiva sugiere las mejores decisiones para maximizar el rendimiento o minimizar los riesgos.

Este enfoque es fundamental en la optimización de procesos empresariales. En sectores como la medicina, por ejemplo, la IA prescriptiva puede analizar síntomas y datos de pacientes para recomendar tratamientos personalizados. En el ámbito de los negocios, puede recomendar acciones para mejorar la eficiencia operativa, ajustar el inventario o redirigir esfuerzos de marketing.

Una característica notable de la IA prescriptiva es su capacidad para simular diferentes escenarios y ofrecer recomendaciones específicas. Esto permite a las organizaciones no solo reaccionar a eventos previsibles, sino también ajustar sus estrategias en tiempo real con base en las recomendaciones de la IA. De este modo, las decisiones ya no se toman de forma reactiva, sino con un enfoque proactivo, lo que mejora considerablemente la agilidad y la capacidad de adaptación de la organización.

Y la IA prescriptiva, ¿cómo conecta con la evolución de los *sapiens* hasta los humanoides?

La IA prescriptiva representa un salto evolutivo en la capacidad de las máquinas para no solo predecir el futuro, sino también recomendar las mejores acciones a seguir en función de los datos y patrones analizados. En este sentido, la evolución de los *sapiens* hasta los humanoides se refleja en cómo hemos pasado de ser observadores y reactores del entorno a planificadores estratégicos.

Los *sapiens*, con sus habilidades cognitivas avanzadas, podían aprender de la experiencia, crear hipótesis sobre el futuro y desarrollar planes de acción, pero su capacidad de análisis y decisión estaba limitada por el tiempo y la cantidad de datos que podían procesar. Con la aparición de la IA prescriptiva, esta capacidad de análisis se ha multiplicado, permitiendo que las decisiones estén basadas en simulaciones precisas de múltiples escenarios y en el análisis de grandes volúmenes de información que los humanos solos no podrían manejar.

La evolución hacia los humanoides, que incorporan IA prescriptiva en sus sistemas, posibilita que las máquinas no solo ayuden a tomar decisiones, sino que sugieran acciones optimizadas que maximizan los resultados esperados.

Ahora, los humanoides están llevando la toma de decisiones a un nuevo nivel, permitiendo a la humanidad actuar con una precisión y eficiencia antes inimaginables, transformando así la evolución de nuestra especie y nuestra interacción con el mundo.

La cuarta y última de las capacidades de la inteligencia artificial es la **IA autónoma,** que decide y actúa de una forma independiente.

Finalmente, la IA autónoma representa el nivel más avanzado dentro del espectro de capacidades. Aquí, la IA no solo describe, predice o recomienda, sino que también actúa de manera independiente, aprendiendo y tomando decisiones en tiempo real sin intervención humana.

Este tipo de IA es el que nos acerca a innovaciones como los vehículos autónomos, los *chatbots* que gestionan interacciones sin intervención humana y las plataformas automatizadas que operan sin supervisión constante.

La IA autónoma se basa en un aprendizaje continuo y en la capacidad de adaptarse a nuevas situaciones. En el contexto de la conducción autónoma, por ejemplo, los vehículos equipados con IA pueden tomar decisiones sobre qué ruta seguir, cuándo detenerse o cómo reaccionar ante obstáculos imprevistos. Del mismo modo, en el ámbito empresarial, los sistemas de IA autónomos pueden gestionar inventarios, controlar flujos de trabajo o resolver problemas operativos sin la intervención de personas.

Este tipo de IA tiene un impacto transformador en la eficiencia organizacional, ya que permite a las empresas automatizar procesos completos, reduciendo tiempos de operación y eliminando el riesgo de error humano. Las organizaciones que integran IA autónoma en sus procesos no solo optimizan recursos, sino que también están mejor preparadas para escalar y adaptarse a las demandas cambiantes del mercado.

En este capítulo hemos visto cómo la gran evolución y capacidad que nos está aportando la IA conecta directamente con la extinción del mamut y todo el proceso vivido hasta nuestros días.

El mamut se extinguió porque no pudo incidir en su entorno y, hoy en día, millones de años después, tenemos a humanoides que son capaces de moverse autónomamente, eso sí, siguiendo las pautas que el ser humano, el *sapiens*, debe definir.

Analizado cómo conecta la IA con la transformación y cómo las capacidades están al servicio de la transformación y la evolución, vamos a adentrarnos ahora en aplicaciones reales con las que nos podemos encontrar.

Hablaremos de la capacidad de conectar toda esta tecnología con la mentalidad de las personas, para transformarse a sí mismas y para transformar su entorno, buscando un mundo mejor.

6. ALGUNAS DE LAS APLICACIONES Y CÓMO NOS PERMITEN EVOLUCIONAR

De la aplicación a la solución

Una vez hemos analizado las capacidades que nos ofrece la inteligencia artificial, es muy interesante que veamos una lista de aplicaciones generales o específicas que podemos encontrar y cómo estas nos pueden ayudar a evolucionar.

El abordaje que haremos de cada una de dichas aplicaciones tendrá presente tres aspectos detallados con el objetivo de clarificar al máximo las oportunidades que representan. Son los siguientes:

- Descripción de dicha aplicación.
- Beneficios que nos aporta y cómo conecta con la transformación.
- Ejemplos prácticos.

Y la lista de las aplicaciones serán las siguientes:

1. Aprendizaje automatizado (*machine learning*)
2. Procesamiento de lenguaje (NLP)
3. Sistemas expertos
4. Visión
   a. Reconocimiento de imagen
5. Generativa
   a. Imagen
   b. Video
6. Robótica
   a. Vehículos
   b. Industria
   c. Drones
   d. Humanoides
7. Planificación
   a. Automatización inteligente
   b. Análisis predictivo
   c. Toma de decisiones automatizada
   d. Automatización de procesos (RPA)
   e. Personalización de experiencia de cliente
   f. Organización de cadenas de suministro
   g. Gestión de talento y recursos humanos

Empecemos con la primera aplicación, el **aprendizaje automatizado (*machine learning*)**.

El aprendizaje automatizado es una aplicación de la inteligencia artificial que permite a los sistemas mejorar su rendimiento en tareas específicas sin intervención humana directa, basándose en la experiencia y los datos obtenidos hasta ese momento. Este tipo de aprendizaje se utiliza en áreas como el reconocimiento de patrones, el análisis predictivo y la automatización de procesos. Al entrenar modelos con grandes cantidades de datos, los algoritmos pueden identificar relaciones complejas y generar predicciones con mayor precisión a medida que aprenden más.

Existen cuatro enfoques principales dentro del aprendizaje automatizado: supervisado, no supervisado, por refuerzo y profundo, cada uno con características específicas y aplicaciones distintas.

El *aprendizaje supervisado* implica entrenar un modelo con datos etiquetados, donde se le proporcionan entradas y sus correspondientes salidas deseadas. El modelo *aprende* a asociar estas entradas con las salidas y luego puede generalizar para predecir resultados en nuevos datos no etiquetados. Es ampliamente utilizado en clasificación y regresión.

En el *aprendizaje sin supervisión* no se proporcionan etiquetas de salida, por lo que el modelo debe identificar patrones, estructuras o agrupaciones dentro de los datos por sí mismo. Este enfoque es útil en tareas como el análisis de *clusters* o la reducción de dimensionalidad.

El *aprendizaje por refuerzo* se basa en un sistema de recompensas y castigos, donde un agente toma decisiones en un entorno para maximizar una recompensa acumulada a lo largo del tiempo. A través de ensayo y error, el agente ajusta su comportamiento para mejorar su rendimiento.

Finalmente, el *aprendizaje profundo* es una subcategoría del aprendizaje automatizado que emplea redes neuronales con múltiples capas, lo que le permite procesar datos de manera jerárquica. Este enfoque es especialmente útil en el procesamiento de imágenes, lenguaje natural y juegos, ya que puede aprender representaciones más complejas de los datos.

Este aprendizaje automatizado ofrece numerosos beneficios que están transformando diversas industrias. Uno de los más significativos es su capacidad para procesar grandes volúmenes de datos de manera eficiente y rápida, lo que posibilita a las organizaciones tomar decisiones basadas en datos en tiempo real. A diferencia de los enfoques tradicionales, el aprendizaje automatizado puede identificar patrones ocultos y relaciones complejas en los datos que son difíciles de detectar por métodos manuales, lo que se traduce en predicciones más precisas y soluciones optimizadas.

Otro beneficio clave del aprendizaje automatizado es su capacidad para aprender y adaptarse con el tiempo al igual que han hecho los *sapiens*, y aquí vemos otra conexión con la transformación. Los modelos pueden ser entrenados para mejorar su rendimiento a medida que reciben más datos, lo que los hace más eficientes y precisos con el tiempo.

Además, este aprendizaje continuo permite a las empresas responder de manera proactiva a cambios en el mercado o en el comportamiento del cliente, manteniéndose competitivas en un entorno dinámico. Al automatizar tareas repetitivas o complejas, las organizaciones también pueden liberar recursos humanos para que se concentren en actividades de mayor valor, fomentando la innovación y aumentando la productividad.

Ejemplos prácticos de esta capacidad los podemos ver en soluciones de recomendación de contenidos, en diagnósticos médicos, en conducción autónoma de vehículos, en el procesamiento de lenguaje, en reconocimiento facial y en aquellas soluciones en las que el sistema va *aprendiendo por sí mismo* a medida que va obteniendo información.

Esta capacidad de aprendizaje automatizado que nos aporta la inteligencia artificial refleja una evolución que va más allá de los métodos tradicionales. Los *sapiens*, a través de su flexibilidad cognitiva y su capacidad para aprender de la experiencia, encontraron formas innovadoras de sobrevivir y prosperar, aprovechando el conocimiento acumulado para tomar decisiones más informadas.

Hoy, en la era humanoide, el aprendizaje automatizado no solo es un reflejo de la inteligencia artificial, sino una extensión de nuestra propia evolución, donde la capacidad de aprender y adaptarse se convierte en el motor de la innovación y la excelencia en un mundo que exige constantemente nuevas soluciones.

La segunda aplicación es el **procesamiento de lenguaje (NLP),** destinado a la mejora, optimización y desarrollo de *la palabra.*

Esta es una rama de la inteligencia artificial que se centra en la interacción entre las máquinas y el lenguaje humano. A través del NLP, los sistemas pueden entender, interpretar y generar lenguaje de manera que sea útil para diversas aplicaciones. Uno de los avances más notables es la clasificación de texto, donde los algoritmos analizan documentos, correos electrónicos o reseñas y los categorizan automáticamente. Este tipo de tecnología es ampliamente utilizada en la detección de *spam*, el análisis de sentimientos en redes sociales y la organización de grandes volúmenes de información.

Otra de las aplicaciones destacadas del procesamiento del lenguaje es la traducción automática. Plataformas que utilizan modelos de redes neuronales profundas que aprenden a traducir entre idiomas con gran precisión. Estos modelos han avanzado mucho desde los enfoques tradicionales, ya que ahora pueden captar contextos y matices culturales, mejorando la calidad de las traducciones. Además, el NLP permite la generación de preguntas y respuestas, como lo hacen asistentes virtuales (Siri, Alexa) o los *chatbots*, que pueden interpretar consultas del usuario y ofrecer respuestas relevantes en tiempo real.

Una de las áreas más innovadoras del NLP es la generación automática de textos, donde los modelos son capaces de redactar artículos, informes o incluso guiones de forma coherente y natural. Herramientas como GPT (*Generative Pre-trained Transformer*) pueden crear contenido a partir de una simple indicación, personalizando el tono y el estilo. Además, estos sistemas permiten resumir grandes cantidades de texto, identificar temas clave y generar contenido creativo, lo que facilita tareas en campos como el marketing, el periodismo y la educación. En resumen, el NLP está revolucionando la forma en que interactuamos con la información escrita, aportando mayor automatización y precisión en diversas actividades.

A lo largo de la historia, el lenguaje ha sido una capacidad humana que ha permitido compartir conocimientos, construir relaciones y fomentar la cooperación, elementos esenciales en la evolución de nuestra especie.

En la actualidad, la era humanoide nos ofrece la posibilidad de llevar esta comunicación a nuevas alturas, donde la tecnología no solo facilita la interacción entre humanos, sino que también permite a las máquinas entender y generar lenguaje de forma cada vez más sofisticada.

Así, el NLP se convierte en un puente entre la rica herramienta comunicativa de los *sapiens* y el futuro humanoide, donde la comprensión y el uso del lenguaje se amplían para enriquecer nuestras interacciones y experiencias.

La tercera aplicación son **los sistemas expertos**.

Los sistemas expertos en inteligencia artificial son programas diseñados para replicar la toma de decisiones de un experto humano en áreas específicas. Estas aplicaciones tienen un impacto significativo en sectores como la medicina, donde se utilizan para asistir en diagnósticos clínicos complejos.

Por ejemplo, los sistemas expertos pueden analizar síntomas, antecedentes médicos y resultados de pruebas para sugerir posibles diagnósticos o tratamientos. En la industria financiera, estos sistemas ayudan a realizar análisis de riesgo, asesorar en inversiones y detectar patrones de fraude, mejorando la precisión y la eficiencia en la toma de decisiones. En general, los sistemas expertos ofrecen soluciones rápidas y precisas basadas en una base de conocimientos acumulada, lo que resulta invaluable en entornos donde se requiere un alto grado de especialización.

Los sistemas expertos de inteligencia artificial ofrecen importantes beneficios al permitir que organizaciones y profesionales accedan a conocimientos especializados de manera rápida y precisa. Uno de sus principales beneficios es la capacidad de tomar decisiones complejas basadas en grandes volúmenes de datos, lo que mejora la precisión y reduce los errores humanos.

Esto es especialmente valioso en sectores como la medicina, donde los sistemas expertos pueden asistir en diagnósticos, sugerir tratamientos y proporcionar segundas opiniones informadas, mejorando la atención médica y los resultados para los pacientes. Además, estos sistemas permiten estandarizar la toma de decisiones, garantizando que las mismas reglas o criterios se apliquen de manera consistente en toda la organización.

Otro beneficio clave de los sistemas expertos es su capacidad para *aumentar la eficiencia operativa* al automatizar tareas que requieren un alto nivel de especialización.

Por ejemplo, en la ingeniería o el mantenimiento de sistemas, los sistemas expertos pueden diagnosticar problemas, recomendar soluciones y optimizar procesos sin la necesidad de consultar a un experto humano en todo momento. Esto no solo ahorra tiempo, sino que también reduce costes y permite a las organizaciones utilizar sus recursos de manera más efectiva. Además, estos sistemas pueden operar 24/7, lo que resulta especialmente útil en sectores donde la disponibilidad constante es crucial, como en el servicio al cliente o en la detección de fraudes en el ámbito financiero.

La cuarta aplicación es la relacionada con la **visión**, con el reconocimiento de la imagen y de la visión máquina.

Las aplicaciones de visión artificial impulsadas por inteligencia artificial están transformando diversas industrias al permitir que las máquinas interpreten y comprendan imágenes y vídeos de manera similar a como lo haría un ser humano. Una de las aplicaciones más comunes es el reconocimiento de imágenes, que se utiliza en tecnologías como el reconocimiento facial, donde los sistemas pueden identificar personas a partir de fotos o vídeos en tiempo real. Este tipo de tecnología es ampliamente utilizado en la seguridad, por ejemplo, en aeropuertos o sistemas de vigilancia, donde la IA puede identificar a individuos buscados o detectar comportamientos sospechosos. También se aplica en redes sociales y *smartphones*, donde las cámaras inteligentes reconocen rostros o categorizan imágenes automáticamente, mejorando la experiencia del usuario.

Por otro lado, la visión por computadora o visión máquina permite a los sistemas no solo reconocer imágenes, sino también analizar y extraer información clave de ellas en contextos industriales. Por ejemplo, en la fabricación y la automatización, las cámaras equipadas con visión artificial pueden inspeccionar productos en una línea de ensamblaje para detectar defectos, garantizando una mayor precisión y control de calidad. También es esencial en los vehículos autónomos, donde la visión máquina ayuda a los coches a *ver* el entorno, reconocer señales de tráfico, obstáculos y otros vehículos, mejorando la seguridad en carretera. En agricultura, esta tecnología se utiliza para monitorizar cultivos y evaluar la salud de las plantas, optimizando la producción. Estas aplicaciones subrayan cómo la visión de la IA está abriendo nuevas posibilidades en áreas que requieren una percepción visual avanzada.

La visión artificial y el reconocimiento de imágenes ofrecen una amplia gama de beneficios que están revolucionando múltiples sectores. Como ya se ha comentado, uno de los mayores beneficios es la automatización precisa de tareas visuales complejas, lo que permite a las máquinas realizar análisis en tiempo real con una velocidad y exactitud que superan las capacidades humanas. Esto es crucial en áreas como la fabricación, donde la visión artificial mejora el control de calidad al identificar defectos en productos o procesos, y en la seguridad, donde el reconocimiento facial agiliza la identificación de personas y aumenta la seguridad en espacios públicos. Además, en el ámbito médico, la IA puede analizar imágenes radiológicas para detectar enfermedades de manera temprana, lo que mejora los diagnósticos y tratamientos. En general, estas tecnologías ayudan a reducir costes, mejorar la eficiencia y elevar los estándares de calidad en diversas industrias.

La quinta aplicación, y de mucha relevancia, que nos ofrece la IA son las actividades relacionadas con el texto, ya sea **texto a texto, texto a voz o voz a texto.**

Las aplicaciones de inteligencia artificial en el procesamiento de texto han evolucionado significativamente. Modelos avanzados como GPT son capaces de crear contenido coherente y contextualmente relevante, lo que permite a las empresas automatizar la producción de artículos, descripciones de productos y contenido creativo.

Esta capacidad de generar texto de alta calidad no solo ahorra tiempo y recursos, sino que también permite personalizar la comunicación con los clientes, lo que es fundamental en marketing y atención al cliente. Al permitir la creación de mensajes y respuestas automáticas, las organizaciones pueden mejorar la experiencia del usuario y mantener una comunicación constante y efectiva.

Además, la conversión de texto a voz (TTS) y la conversión de voz a texto (STT) son aplicaciones esenciales que han mejorado la accesibilidad y la interacción con la tecnología. La conversión de texto a voz permite que las máquinas lean en voz alta documentos, correos electrónicos o mensajes, facilitando el acceso a la información para personas con discapacidades visuales o que prefieren escuchar el contenido.

Por otro lado, la conversión de voz a texto permite transcribir conversaciones, reuniones y dictados de manera rápida y precisa, lo que es especialmente útil en entornos empresariales y educativos. Estas tecnologías de voz impulsadas por IA no solo mejoran la eficiencia operativa, sino que también fomentan una interacción más natural y fluida entre humanos y máquinas, abriendo nuevas posibilidades en la comunicación.

La aplicación de inteligencia artificial en el procesamiento de texto ofrece numerosos beneficios que transforman la manera en que interactuamos con la información escrita. En primer lugar, la automatización de tareas como la generación de contenido, la conversión de texto a voz y la transcripción de voz a texto ahorra tiempo y recursos, permitiendo a las organizaciones centrarse en actividades más estratégicas.

Además, estas tecnologías mejoran la accesibilidad, facilitando el acceso a la información a personas con discapacidades visuales y auditivas. La capacidad de generar textos personalizados y coherentes también optimiza la comunicación con los clientes, mejorando la experiencia del usuario y fomentando relaciones más efectivas. En conjunto, estos beneficios no solo aumentan la eficiencia operativa, sino que también permiten una interacción más natural y fluida entre humanos y máquinas.

La sexta aplicación, muy relevante y que, además, conecta estrechamente con los humanoides, son las aplicaciones de **robótica.**

La robótica impulsada por inteligencia artificial representa un avance significativo en la forma en que interactuamos con el entorno físico. La combinación de algoritmos de IA con sensores y actuadores permite que los robots realicen tareas complejas de manera autónoma y eficiente.

Por ejemplo, en las fábricas, los robots pueden llevar a cabo procesos de ensamblaje, inspección y manipulación de materiales con precisión y rapidez, lo que mejora la productividad y reduce costes. Además, en aplicaciones como la logística, los robots autónomos pueden transitar por almacenes y entregar productos, optimizando la cadena de suministro y reduciendo los tiempos de espera.

Otro aspecto fascinante de la robótica de IA es su capacidad para aprender y adaptarse a nuevas situaciones. A través de técnicas de aprendizaje automatizado, los robots pueden analizar su entorno y ajustar su comportamiento en tiempo real, lo que les permite enfrentar desafíos imprevistos. Esto es particularmente útil en áreas como la agricultura, donde los robots pueden monitorizar cultivos y realizar tareas como la cosecha o el riego basándose en las condiciones cambiantes del entorno.

La aplicación de robótica impulsada por inteligencia artificial ofrece numerosos beneficios que transforman tanto la industria como la vida cotidiana. En primer lugar, los robots equipados con IA pueden realizar tareas repetitivas y físicamente exigentes de manera más rápida y precisa que los humanos, lo que aumenta la eficiencia y reduce los errores en procesos industriales, como el ensamblaje y la manipulación de materiales.

Además, su capacidad para operar en entornos peligrosos, como en la minería o la gestión de desastres, minimiza el riesgo para los trabajadores. La robótica de IA también permite la personalización y adaptación en tiempo real; los robots pueden aprender de su entorno y ajustarse a situaciones cambiantes, lo que es especialmente útil en sectores como la agricultura y la atención médica, donde pueden optimizar procesos y mejorar la calidad del servicio. En conjunto, estos beneficios no solo impulsan la productividad y la seguridad, sino que también fomentan la innovación y la creación de nuevas oportunidades en diversas áreas.

La robótica no solo simboliza un avance tecnológico, sino que también refleja la evolución de la mentalidad *sapiens* hacia la creación de herramientas que amplifican nuestras capacidades.

Desde sus inicios, los humanos han diseñado y utilizado herramientas para mejorar su interacción con el entorno, un impulso que se intensifica en la era humanoide.

Esta simbiosis entre humanos y máquinas crea un futuro donde la robótica no solo aumenta la eficiencia, sino que también enriquece nuestras experiencias, permitiéndonos abordar desafíos complejos y explorar nuevas fronteras en la producción, la atención médica y la gestión de desastres.

Así, la robótica IA se erige como un testimonio de nuestra capacidad para evolucionar y mejorar continuamente, llevando la colaboración humano-máquina a un nivel sin precedentes.

Y, para finalizar, la séptima aplicación de la inteligencia artificial se alimenta de todas las anteriores. Es la capacidad de **planificación**, la que nos ayuda a planificar e implantar muchas de estas soluciones.

La capacidad de planificación de la inteligencia artificial es una de sus características más poderosas y versátiles, permitiendo a los sistemas tomar decisiones informadas y organizar acciones para alcanzar objetivos específicos. Esta capacidad se basa en algoritmos que analizan diferentes escenarios y recursos disponibles, evaluando las mejores estrategias para cumplir con un conjunto de objetivos a largo plazo.

Por ejemplo, en la logística y la gestión de la cadena de suministro, los sistemas de IA pueden optimizar rutas de entrega, gestionar inventarios y predecir la demanda, mejorando la eficiencia operativa y reduciendo costes. La planificación también se aplica en la programación de tareas en entornos industriales, donde los robots pueden coordinarse para realizar procesos de manufactura de manera más efectiva.

Además, la planificación de la IA se extiende a campos como la atención médica y las finanzas, donde puede ayudar en la programación de tratamientos personalizados o en la evaluación de riesgos en inversiones. En el ámbito de la investigación, la IA puede planificar experimentos complejos, sugiriendo métodos y recursos que maximicen los resultados.

Esta capacidad no solo aumenta la eficacia y la precisión en la toma de decisiones, sino que también permite a las organizaciones anticipar problemas potenciales y adaptarse a cambios en el entorno, lo que es fundamental en un mundo cada vez más dinámico y complejo.

En resumen, la planificación de la IA proporciona una ventaja competitiva al permitir una gestión más inteligente y proactiva de recursos y actividades.

Ya hemos visto las siete aplicaciones de la IA.

La evolución de las aplicaciones de la inteligencia artificial, como el aprendizaje automatizado, el procesamiento de lenguaje, los sistemas expertos, la visión, el procesamiento de texto y la robótica, puede ser vista como un proceso paralelo a la evolución de los seres humanos desde la época de los mamuts hasta la era de los humanoides.

La evolución de los *sapiens* llevó a la creación de sociedades más organizadas y tecnológicamente avanzadas. El desarrollo del lenguaje y de la comunicación fueron cruciales para el intercambio de ideas, al igual que el procesamiento del lenguaje en la IA, que permite la interacción efectiva con las máquinas.

A medida que la tecnología avanzaba, se crearon sistemas expertos que emulaban el conocimiento acumulado, como los antiguos sabios que guiaban a sus comunidades. La incorporación de la visión artificial y la robótica en la actualidad refleja un salto similar en la capacidad humana de manipular su entorno.

Hoy, los humanoides y las máquinas avanzadas pueden aprender, adaptarse y colaborar, abriendo nuevas posibilidades que, aunque diferentes, continúan la historia de la evolución humana, donde la adaptabilidad y la innovación han sido claves para la supervivencia y el progreso.

Con este capítulo finalizamos el cuarto bloque del libro, en el que hemos conectado la mentalidad de los mamuts y los *sapiens*, que permite extinguirse o evolucionar, con los importantes avances tecnológicos de los últimos años. Estos avances nos han llevado al pleno siglo XXI, un período lleno de oportunidades ante nosotros.

Aprovechemos estos desarrollos para continuar nuestro proceso de evolución y transformación. Es fundamental minimizar los riesgos que puede presentar esta *era tecnológica de meteoritos* y apostar por el progreso de las personas, para así liderar mejor este avance como sociedad.

¿Y qué veremos ahora?

Nos adentraremos en la parte final del libro, donde exploraremos cómo estas grandes lecciones que estamos viviendo deben servir para una evolución más efectiva y enriquecedora.

5. GRANDES APRENDIZAJES, MEJORES EVOLUCIONES

Aprendiendo de las evoluciones.

1. COMPRENDER LA REALIDAD

Transformar es crear un camino de realidades

Uno de los beneficios más destacados de todo lo que hemos analizado hasta ahora es cómo los procesos de evolución o involución, así como las apuestas decididas por el desarrollo de la mentalidad humana y el uso de métodos rigurosos, apuntan a un objetivo fundamental, que es **comprender la realidad**. Aunque esto pueda parecer sencillo de decir, es, en esencia, uno de los ejercicios más complejos que la humanidad ha enfrentado a lo largo de su historia.

En este contexto, la tecnología y la inteligencia artificial actúan como herramientas clave para ayudarnos a desentrañar y evolucionar en el complejo entramado de realidades en el que vivimos. A través de la tecnología, podemos procesar información, analizar patrones y crear modelos que nos permiten ver con mayor claridad aspectos del mundo que de otra manera serían difíciles de percibir.

Sin embargo, comprender la realidad, tanto en el ámbito personal como organizacional, requiere cumplir con cuatro principios fundamentales que, a pesar de su relevancia, muy a menudo son pasados por alto o no aplicados adecuadamente por muchas personas y organizaciones:

1. Aprender a parar para pensar.
2. Mirada larga y pasos cortos.

3. Diversidad de miradas.
4. Espejos reflectantes.

Así pues, vamos a describir y a analizar estos cuatro principios fundamentales.

¿Tan importante es *aprender a parar para pensar*?

Debemos asumir que, cuando nuestro entorno se mueve a una velocidad vertiginosa, cuando sentimos que los acontecimientos suceden de manera tan rápida que apenas podemos procesarlos, y cuando decimos que no tenemos tiempo para detenernos, lo que estamos haciendo es llamar a la puerta del mal augurio. Este frenesí continuo, en el que parece que no hay espacio para la reflexión, nos conduce inevitablemente hacia la ineficiencia, el agotamiento y la toma de malas decisiones. El resultado final es un mal desenlace, ya sea en lo personal o en lo organizacional.

Es imperativo tomar conciencia de la necesidad real de detenerse, de generar espacios de pausa, reflexión y análisis. No hacerlo es continuar en un camino que inevitablemente nos llevará a decisiones apresuradas, a la fatiga y a la pérdida de una perspectiva clara.

Con este objetivo en mente, en algunos eventos en empresas suelo lanzar una pregunta que considero crucial y sobre la que invito a que todos reflexionemos: *¿Cuántos y cuántas de ustedes tienen hijos o hijas?* Muchos levantan la mano, y sigo preguntando: *Si ahora les llaman de la escuela para comunicarles que su hijo o hija se ha hecho daño, ¿qué harán? ¿Se quedarán aquí o se irán?*

Obviamente, todos dicen que se irían. Luego, hago una pausa y les planteo: *Y cuando son ustedes los que corren el riesgo de dañarse, ¿por qué no hacen nada?, ¿por qué no se pausan antes? ¿Les preocupa lo qué dirán?*

Lo primero que debemos hacer para tomar conciencia firme de nuestra realidad es *aprender a parar para pensar*, pues se puede pensar en movimiento, pero pensar bien, pensar con pausa y pensar largamente, requiere una pausa especial, más consciente y serena.

Una vez hemos pensado, toca hacer una **mirada larga** y **unos pasitos cortos.**

Las personas y las empresas necesitamos desarrollar una estrategia sólida que nos permita adoptar una perspectiva a largo plazo, orientada hacia una nueva realidad que sea esperanzadora, inspiradora y emocionante. En un mundo en constante cambio, es fundamental visualizar metas ambiciosas que nos motiven y nos guíen. Esta visión no solo nos da dirección, sino que también fomenta la innovación y la creatividad, impulsándonos a explorar nuevas oportunidades y caminos que, de otro modo, posiblemente podrían permanecer inexplorados.

Al mismo tiempo, es crucial recordar que, junto a esta visión amplia, deben existir pequeños pasos cortos, lentos y deliberados. Estos pasos nos permiten avanzar mientras observamos y percibimos la evolución de la realidad que nos rodea. Cada pequeño logro contribuye a la construcción de un camino más sólido hacia el futuro, generando confianza y resiliencia en el proceso. Además, estos avances incrementales nos ofrecen la oportunidad de ajustar nuestra estrategia en función de los aprendizajes adquiridos, garantizando que nuestro enfoque siga siendo relevante y efectivo.

La combinación de una mirada a largo plazo con estos pasos cortos es lo que nos permite progresar de manera serena, eficiente y sostenible en el tiempo. Este enfoque equilibrado asegura que, mientras nos dirigimos hacia nuestros objetivos futuros, también nos mantenemos conectados con el presente y adaptamos nuestras acciones según las circunstancias cambiantes. Al hacerlo, cultivamos una mentalidad de crecimiento que no solo beneficia a las organizaciones, sino que también empodera a cada individuo para convertirse en un agente de cambio en su entorno. La clave está en encontrar el equilibrio entre la visión y la acción, permitiendo que ambos elementos se complementen y fortalezcan mutuamente.

Este camino y pasar de realidad a realidad requiere de **diversidad de miradas.**

Para comprender no solo nuestra realidad, sino también las realidades que nos rodean, es fundamental abrirnos a la diversidad de perspectivas. Cada individuo y cada cultura ofrece una forma única de interpretar el mundo, basada en experiencias, valores y contextos diferentes. Al sumergirnos en estas distintas visiones, ampliamos nuestro horizonte y enriquecemos nuestra comprensión del entorno. Esta diversidad nos invita a cuestionar nuestras propias creencias y suposiciones, lo que puede resultar en un crecimiento personal y colectivo.

Además, el intercambio de ideas con aquellos que tienen puntos de vista opuestos o distintos puede ser especialmente enriquecedor. Estas interacciones no solo nos ayudan a desafiar nuestros propios paradigmas, sino que también fomentan el diálogo y la empatía. Al escuchar activamente a los demás y considerar sus experiencias, podemos descubrir soluciones innovadoras a problemas complejos y, al mismo tiempo, fomentar un ambiente de respeto y colaboración. Esta capacidad de diálogo es crucial en un mundo cada vez más interconectado y diverso.

Finalmente, reconocer y valorar otras realidades no solo nos aporta nuevas visiones, sino que también nos impulsa a evolucionar. A medida que integramos estas distintas perspectivas en nuestra forma de pensar y actuar, nos volvemos más adaptables y resilientes. Esta evolución no solo enriquece nuestras vidas individuales, sino que también fortalece nuestras organizaciones y comunidades. Al abrazar la diversidad y aprender de las realidades de los demás, creamos un espacio donde la innovación y la creatividad pueden florecer, abriendo así nuevas puertas hacia el futuro.

Y lo más importante, necesitamos **espejos reflectantes**.

Las personas que caminan a nuestro lado, ya sea durante un corto o largo tiempo, actúan como espejos que reflejan quiénes somos y qué hacemos. Por lo tanto, debemos aprender a dejar de lado ciertas acciones y, al mismo tiempo, hacer lo necesario para seguir evolucionando.

En estas cuatro etapas —aprender a parar para pensar, adoptar una mirada a largo plazo con pasos cortos, fomentar la diversidad de miradas y utilizar espejos reflectantes— podemos observar cómo la tecnología y la inteligencia artificial nos ayudan a mejorar y optimizar nuestra realidad.

La inteligencia artificial nos facilita ser más eficientes en nuestro día a día, lo que a su vez nos brinda el tiempo necesario para *parar más para pensar*. Gracias a su vasto conocimiento y capacidad para identificar patrones, la IA puede proporcionarnos una perspectiva a largo plazo que, aunque parezca ambiciosa, nos permite avanzar de manera más eficiente, paso a paso.

Además, al integrar miradas globales y diversas, la inteligencia artificial genera contenidos ricos y variados, que debemos adaptar a nuestra autenticidad, dándoles *nuestro toque* personal. En este sentido, la inteligencia artificial puede convertirse en uno de esos espejos que nos rodean, ayudándonos a tomar conciencia de nuestra realidad y a hacer tangibles muchas de las ideas que llevamos dentro.

Además, es importante reconocer que la inteligencia artificial no solo actúa como una herramienta, sino que también puede fomentar un espacio de reflexión colectiva.

Al interactuar con sistemas de IA, tenemos la oportunidad de acceder a una multitud de perspectivas que pueden enriquecer nuestro propio proceso de pensamiento. Esta interacción no solo nos ayuda a identificar nuestras fortalezas y debilidades, sino que también nos impulsa a cuestionar nuestras suposiciones y a explorar nuevas posibilidades.

Así, la IA se convierte en un aliado en nuestro camino hacia la evolución personal y organizacional, facilitando un diálogo interno y externo que potencia nuestra capacidad para adaptarnos y crecer en un mundo en constante cambio.

En resumen: En realidad, no somos una única entidad; somos una suma de realidades, tanto reales como digitales, que nos configuran, nos permiten crecer y nos ayudan a evolucionar.

El mamut, incapaz de comprender su entorno, no logró adaptarse y terminó extinguiéndose.

En contraste, el *Homo sapiens* entendió la importancia de su realidad, reconoció la necesidad de evolucionar y desarrolló herramientas y procesos que facilitaran su crecimiento.

Hoy en día, esta evolución continúa con los humanoides y con el uso de la inteligencia artificial, que se presenta como una nueva herramienta para explorar y crear nuevas realidades.

En este nuevo escenario, los humanoides se convierten en compañeros de viaje, ampliando nuestras capacidades y ofreciendo oportunidades para transformar nuestra forma de interactuar con el mundo y entre nosotros.

2. TRAER EL FUTURO AL PRESENTE
Las etapas son las mismas, el orden es inverso

En un fragmento de una de mis películas favoritas, *Kung Fu Panda*, se produce una memorable escena en la que la tortuga Oogway comparte una profunda reflexión con el oso Po: «*El pasado es historia, el mañana es un misterio y el hoy es un regalo; por eso se llama presente*».

Esta sencilla pero poderosa declaración encapsula una filosofía de vida que resuena en muchas personas.

El reconocimiento de que el pasado es historia nos invita a aprender de nuestras experiencias, pero sin quedar atrapados en los errores o éxitos pasados. En lugar de permitir que nuestras vivencias anteriores definan nuestro presente, Oogway nos anima a verlas como lecciones que nos guían hacia el futuro. Al mismo tiempo, la idea de que el mañana es un misterio nos recuerda que, aunque podemos planificar y soñar, hay factores fuera de nuestro control que moldearán lo que vendrá.

Finalmente, al afirmar que el hoy es un regalo, Oogway nos insta a valorar el momento presente. En un mundo donde a menudo estamos atrapados en la rutina y las preocupaciones, este mensaje es una llamada a la atención plena. Al ser conscientes de lo que tenemos y de las oportunidades que se nos presentan ahora, podemos experimentar la vida de manera más rica y significativa.

Esta sabiduría de Oogway no solo es relevante en el contexto de una película de animación, sino que también se convierte en una guía práctica para navegar por los desafíos de la vida cotidiana y encontrar alegría en cada momento.

Si esta reflexión la aplicamos a nuestra vida, tanto personal como profesional, deberíamos preguntarnos: *¿Y esto como se relaciona con los procesos de cambio? ¿Y con la extinción? ¿Y con la evolución? ¿Y con la inteligencia artificial?*

Hablar del pasado, presente y futuro nos permite apreciar la clara diferencia entre cambiar y transformarse, un tema que ya hemos abordado en páginas anteriores. Cambiar es un evento puntual en un momento del camino, mientras que transformarse implica un proceso continuo que se desarrolla a lo largo del tiempo, atravesando diversas etapas.

Es fundamental reconocer que las emociones y experiencias del pasado pertenecen a otros momentos de nuestras vidas, y que no podemos regresar a esos lugares. Aceptar que tanto nuestros aciertos como nuestros errores son parte de nuestra historia es esencial. De esta afirmación debemos extraer lecciones y aprendizajes que nos guíen en nuestro avance personal.

Una de las lecciones más significativas que podemos aprender del pasado es que la humanidad ha enfrentado y superado grandes cambios y evoluciones impulsadas por la tecnología, y siempre ha sabido adaptarse a estos desafíos. Esta capacidad de adaptación ha sido un motor de progreso a lo largo de la historia, permitiéndonos no solo sobrevivir, sino también prosperar en un entorno en constante cambio. Al reflexionar sobre esta resiliencia, encontramos inspiración para enfrentar los retos actuales y futuros con confianza y disposición para aprender y evolucionar.

En segundo lugar, la frase nos habla del mañana o del futuro, recordándonos que este es un misterio y que, como tal, hay muchas cosas que permanecerán fuera de nuestro conocimiento. Esta incertidumbre puede generar dudas, estrés o ansiedad. Por ello, es fundamental tomarse un momento para reflexionar y crear una estrategia que nos permita visualizar el futuro al que nos gustaría llegar, explorar o alcanzar.

Visualizar ese futuro incierto y esbozar escenarios hacia los que deseamos viajar puede suscitar dudas, pero, a medida que lo imaginamos y le damos forma, la claridad aumenta y las inseguridades disminuyen. Esta práctica nos ayuda a definir metas y a orientar nuestros esfuerzos en la dirección correcta.

Además, al utilizar la inteligencia artificial de manera efectiva para describir escenarios, hacer predicciones y analizar tendencias, podemos mitigar el estrés y la inseguridad que conlleva un futuro incierto. Es importante señalar que esta tecnología no eliminará por completo nuestras preocupaciones, pero puede contribuir a reducirlas, proporcionándonos herramientas que nos permitan navegar mejor en medio de la incertidumbre.

La tercera parte de la frase, *el hoy es un regalo y por eso se llama presente*, es completamente cierta y creo que todos podemos estar de acuerdo en ello. Vivir en el presente puede ser un verdadero regalo, pero también es importante reconocer que en este mismo presente existen problemas, dudas e inseguridades que, lejos de ser placenteros, forman parte de la experiencia cotidiana. Estas son etapas del presente que debemos enfrentar y vivir con plenitud.

Estas tres dimensiones —pasado, presente y futuro— han sido parte de nuestra experiencia como especie desde los primeros *Homo sapiens*. En sus cuevas, pintaban escenas que representaban su historia, sus vivencias y sus aspiraciones. Estas pinturas rupestres no solo les conectaban con su pasado, sino que también les ayudaban a entender su presente y a imaginar su futuro. Así, la capacidad de reflexionar sobre el pasado, vivir en el presente y proyectar hacia el futuro ha sido un rasgo distintivo de la humanidad, permitiéndonos evolucionar y adaptarnos a lo largo del tiempo.

¿Y todo esto como se relaciona con la inteligencia artificial y los humanoides?

La tecnología nos ayuda a *traer el futuro al presente.*

¿Y qué quiere decir *traer el futuro al presente*?

Quiere decir:

- Dar forma a un futuro que visualizamos.
- Visualizar continuamente ese futuro desde el presente.
- Ejercitar sin olvidar el presente.

Dar forma a un futuro que visualizamos implica imaginar hacia dónde queremos ir y definir los detalles de ese viaje o destino. Se trata de grabar en nuestra mente y en nuestro corazón todo aquello que aspiramos o anhelamos alcanzar.

Visualizarlo con cada detalle significa que, incluso con los ojos cerrados, podemos ver lo que nos espera en el futuro, pero en realidad, lo experimentamos en nuestro presente. Al practicarlo con regularidad, este ejercicio de visualización permite que traigamos ese futuro deseado a nuestra realidad actual.

Al interiorizarlo de esta manera, el futuro pierde parte de su misterio y comienza a tomar forma como una realidad tangible. Así, al convertir esa visión en parte de nuestro presente, nos preparamos para avanzar con confianza hacia la meta que hemos creado, acercándonos a ella con cada paso que damos.

Además, al visualizar nuestro futuro, no solo definimos metas, sino que también nutrimos nuestra motivación y determinación. Este proceso de imaginar lo que deseamos puede servir como un faro que ilumina nuestro camino, ayudándonos a superar obstáculos y a mantener el enfoque. Con cada visualización, reforzamos nuestro compromiso hacia esa visión, lo que nos posibilita construir una narrativa más sólida sobre nuestra vida y aspiraciones, convirtiendo sueños en logros palpables.

3. LA NECESIDAD REAL: ¿EVIDENCIA O PROBLEMA?

El principal problema es que no sabemos cuál es nuestro principal problema

Puede parecer un juego de palabras, pero con demasiada frecuencia las personas no identificamos claramente cuál es nuestro principal problema. En lugar de profundizar, cuestionar e investigar la causa real de nuestras dificultades, optamos por seguir adelante sin realizar ningún cambio significativo.

En otras palabras, muchas veces no sabemos cuál es nuestro verdadero problema, y, aunque esto pueda parecer extraño, es habitual que intentemos abordar un cambio, una evolución o una transformación sin haber analizado el problema fundamental que desencadena nuestro dolor o la necesidad de cambio. Esta falta de claridad puede llevar a soluciones superficiales que no resuelven el conflicto subyacente y, por lo tanto, perpetúan la insatisfacción.

Por eso es esencial dedicar tiempo y esfuerzo a comprender la raíz de nuestros problemas y la potencia de nuestros desafíos, ya que solo a partir de esa comprensión podremos implementar transformaciones efectivas y duraderas que realmente impacten nuestras vidas y entornos.

¿Y por qué muchas personas no tienen la conciencia clara del problema real?

Porque, como hemos mencionado anteriormente, vivir en la rutina, actuar y aparentar que todo está bien puede anestesiar el problema, pero en realidad, este sigue presente, aguardando una solución.

A menudo, optamos por *tirar adelante*, ignorando el problema subyacente. Esto nos sumerge en un bucle que, en lugar de promover nuestra evolución, nos lleva a involucionar. Al evitar confrontar nuestras dificultades, podemos caer en comportamientos que refuerzan la insatisfacción, limitando nuestro crecimiento personal y profesional. Reconocer y abordar estos problemas de manera proactiva es crucial para romper ese ciclo y permitir una verdadera transformación.

Expongo a continuación un ejemplo sencillo y que hasta puede llegar a ser absurdo de lo obvio que es.

A todos nos ha pasado en algún momento que experimentamos problemas en el oído, ya sea porque no escuchamos bien, sentimos dolor en la zona alrededor de la oreja o tenemos una molestia general en esa área. Estos síntomas pueden ser frustrantes y a menudo nos llevan a preguntarnos qué está sucediendo realmente.

¿Verdad que os ha pasado alguna vez? Para abordar esta situación y tomar medidas que nos permitan revertirla a un estado satisfactorio, debemos hacernos la siguiente pregunta: *¿cuál es el problema real?* O, dicho en otras palabras, deconstruyamos la situación y vayamos a diferenciar entre evidencia y problema.

¿Qué es la evidencia?

Es una certeza que indica que algo no está funcionando correctamente y, en cierto modo, actúa como una prueba clave en un proceso. En el caso que estamos analizando, la evidencia podría ser un malestar general en la zona derecha de la cabeza, cara y oído.

Sin embargo, este malestar no es el problema en sí, sino más bien una pista que nos guía hacia la raíz del verdadero problema, sobre la cual necesitamos intervenir para lograr una solución efectiva.

¿Cuál es el problema?

Es el aspecto que requiere atención, corrección, reparación o cambio. Representa la causa del daño, y es en torno a esa causa donde surgen todas las evidencias que hemos mencionado anteriormente. Identificar esta raíz es crucial para abordar el problema de manera efectiva y lograr una solución duradera.

Y, en nuestro caso del problema del oído derecho, ¿cuál es el problema real?, ¿cómo llegamos a él?

Pues en un método de investigación y deliberación, el problema podría ser: un fallo en el tímpano del oído, un tapón de cera que también nos está obstruyendo el oído, una caries en una muela, una presión de la muela del juicio, un golpe que nos hemos dado al chocar con la pared, una bofetada que alguien nos ha dado en toda la cara, etc.

Fijaos. Los mismos síntomas pueden surgir de múltiples problemas subyacentes. Por lo tanto, descubrir la causa real es de vital importancia y trascendencia.

Este ejemplo ilustra que, al gestionar o liderar un proceso de cambio o transformación, ya sea con o sin inteligencia artificial, es esencial tomar un enfoque meticuloso. Debemos utilizar la lupa de la paciencia para investigar y profundizar en la cuestión, asegurándonos de que no pasemos por alto el verdadero origen del desafío que enfrentamos.

Sumergirse en los detalles puede parecer laborioso, y lo es, pero ignorarlo puede acarrear consecuencias mucho más graves. Una adecuada prevención o un diagnóstico preciso son esenciales para evitar problemas mayores. En este contexto resulta clave volver a reflexionar sobre la importancia de la mentalidad que estamos mencionando.

Por ejemplo, que una persona se muestre reacia a utilizar un nuevo programa de gestión no necesariamente implica que lo rechace por completo; puede que su inseguridad respecto al nuevo sistema sea, en realidad, el problema subyacente que está enfrentando.

Entonces, ¿le informamos solo sobre la herramienta o también sobre cómo ganar autoconfianza en sí misma?

Si un equipo de comerciales siempre vende lo mismo porque está acostumbrado a vender con el muestrario físico y, por lo tanto, siempre vende los mismos productos, no forzosamente quiere decir que no quiera vender nada nuevo. Puede ser que hacerlo de una nueva forma le obligue a salir de su zona de confort y no esté acostumbrado a hacerlo.

Entonces, ¿le informamos bien para que vea que después de la zona de confort y del miedo está la de aprendizaje y crecimiento, con lo que al final mejorará?

Estos dos casos, junto con muchos otros que seguramente os vienen a la mente, ilustran lo que hemos estado planteando hasta ahora.

En momentos de cambio, es fundamental identificar qué es lo que realmente inquieta a las personas, para así conectarlo con las evidencias o problemas reales. A partir de ahí, podremos realizar un diagnóstico objetivo y proponer un plan de acción efectivo.

Este proceso no solo implica la integración de tecnología avanzada, sino también un cambio en nuestra mentalidad y en la forma en que nos relacionamos con las herramientas que tenemos a nuestra disposición.

Así que adentrémonos en el fascinante mundo de los humanoides y la inteligencia artificial, explorando cómo estas innovaciones pueden ayudarnos a enfrentar los desafíos actuales y a construir un futuro más esperanzador.

4. HACIA LA ASPIRACIÓN DEL ALTO RENDIMIENTO

De la necesidad de cambio al deseo de la excelencia

Cuando le preguntamos a una persona sobre los procesos de cambio o de transformación que debe abordar en su día a día, tanto sea en su vida privada como en su entorno laboral, suelen surgir respuestas del tipo: *Es que debo cambiar, es que necesito transformarme, es que me piden…*

Es decir, muchas personas perciben los procesos de cambio o la transformación como una serie de actos impuestos o exigidos que, de una forma u otra, deben ser afrontados. Algunas de ellas lo viven casi como una obligatoriedad, generando una presión considerable que les puede acabar paralizando o hacer que rechacen los cambios.

Esta percepción de obligación puede llevar a muchas personas a una situación de estrés conectado directamente con la actitud mamut que hemos mencionado en páginas anteriores.

Para algunos será un problema que enfrentar, una carga que les resulta un suplicio, llena de dificultades, y con un arduo camino por recorrer. Para otros será una oportunidad de mejora, superación y crecimiento que les motiva a mantenerse fuertes y, sobre todo, que les ayuda a evolucionar.

Visto este aspecto, y comprendida la necesidad de cambiar, es muy importante encontrar un punto, un concepto o una situación que nos ayude a ir un paso más allá, que nos haga superar esa barrera mental y que nos enfoque hacia un futuro lejano, mejor y más inspirador.

Y este punto en el que podemos transformar esa necesidad de cambio en algo más inspirador es conocido como el **alto rendimiento**.

Sobre «alto rendimiento» podemos encontrar muchas acepciones, informaciones o visiones distintas, pero, en nuestro enfoque personal, lo que hicimos fue entrevistarnos, reunirnos y trabajar con un amplio abanico de deportistas de élite de diferentes disciplinas, y a partir de allí, intentamos comprender qué prácticas podíamos llevar al mundo empresarial y organizacional.

Después de años de trabajo, interiorizamos el siguiente aprendizaje que hoy en día guía nuestro proceso de evolución. La idea es la siguiente: *aprender que podemos afrontar los procesos de cambio como procesos aspiracionales de alto rendimiento.* ¿Por qué? Porque los procesos de transformación, como hemos mencionado anteriormente, son fundamentalmente procesos mentales que requieren una mentalidad abierta al aprendizaje y, sobre todo, a la propia evolución de nosotros mismos para, a partir de allí, transformar nuestro entorno.

Porque, cuando hablamos de alto rendimiento, también hablamos de una mentalidad de transformación pero que va un paso más allá.

Pero ¿qué entendemos por alto rendimiento?

Tener éxito por encima de la media y más allá de las normas convencionales implica alcanzar resultados extraordinarios que perduren en el tiempo. No se trata solo de cumplir con las expectativas, sino de superarlas de manera constante, manteniendo un enfoque que desafíe los límites establecidos.

Es importante no solo alcanzar metas ambiciosas, sino hacerlo de manera equilibrada, garantizando que el éxito se mantenga a lo largo del tiempo. Este enfoque implica optimizar recursos, maximizar el potencial y mantenerse flexible ante los cambios, asegurando un rendimiento continuo sin comprometer el bienestar ni la estabilidad a largo plazo.

¿Y cuál es ese paso más allá? ¿Cómo se construye?

Básicamente por los siguientes cuatro conceptos.

1. Aspiración.
2. Excelencia.
3. Bienestar.
4. Sostenibilidad.

Al igual que la transformación tiene ese punto de casi obligatoriedad, el alto rendimiento necesita de un importante y determinante factor, que es la **aspiración** y el deseo ferviente de conseguir eso.

El deseo de aspiración que nace desde dentro de uno mismo, desde nuestra pasión y desde nuestras inquietudes (como las diez que hemos mencionado durante el libro), hace que esas posibles barreras o inquietudes sean como retos, y, al irlos superando, vamos mejorando y progresando, de manera que la motivación va manteniéndonos vivos.

Por esta razón, el factor de aspiración de alto rendimiento conecta directamente con la mentalidad proactiva del *sapiens* que busca avanzar, crecer y evolucionar para transformarse continuamente y que, ahora, en plena revolución de la inteligencia artificial, busca el acompañamiento de los humanoides para obtener así un mejor rendimiento.

El segundo punto que conecta con esta aspiración es la **excelencia**.

Por excelencia entendemos el hecho de no conformarnos con hacer las cosas simplemente porque se deben hacer, o para cumplir con el expediente o satisfacer lo que nos piden. La excelencia implica hacer lo que se debe, pero de manera eficiente, asegurando que los recursos se asignen adecuadamente. Es hacer las cosas enfocándonos en la calidad y, además, entender que esta excelencia se conecta con todas las personas que nos rodean.

La excelencia es, y debe ser, aquello que nos permite diferenciarnos y dar un paso más allá, teniendo plena conciencia de que no se logra a corto plazo. Requiere perseverancia y compromiso para alcanzar resultados excepcionales. En este punto, la IA también ha venido a ayudarnos.

El tercer aspecto que debemos incorporar en nuestra mentalidad, y que nos conecta con el alto rendimiento, es el **bienestar físico, mental y emocional**. Si nuestras jornadas están únicamente repletas de tareas sin retos que nos motiven, si solo esperamos que pase el tiempo en lugar de sentir pasión por nuestra actividad, y si no contamos con líderes inspiradores en las organizaciones, es difícil que podamos mantener una buena salud.

Para alcanzar un alto rendimiento sostenido, necesitamos entornos seguros donde las personas puedan arriesgarse y equivocarse, donde puedan expresar sus emociones y sentirse cómodas. Es importante formar y acompañar a las personas en nuestro entorno para que adopten hábitos saludables en su día a día, que integren momentos de descanso y que mantengan espacios de trabajo adecuados.

El cuarto concepto es la **sostenibilidad**. Debemos encontrar herramientas, procesos y disciplinas que nos ayuden a sostener estas prácticas el mayor tiempo posible, garantizando que perduren en la organización.

Soy consciente de que mantener estos cuatro conceptos —la aspiración, la excelencia, el bienestar y la sostenibilidad— y conectarlos con la transformación y el alto rendimiento no es tarea fácil. Sin embargo, no hacerlo sería aún más complicado.

Os animamos a integrar la aspiración del alto rendimiento en los procesos de transformación, ya que esta integración no solo impulsa la eficacia de los cambios, sino que también crea un entorno dinámico y motivador. Al establecer altos estándares, cada miembro del equipo se siente empoderado para superar sus propias limitaciones, lo que genera un sentido de compromiso y pertenencia.

Este enfoque puede transformar la percepción del proceso de cambio en una oportunidad emocionante en lugar de una carga. Veréis que esta aspiración genera un factor increíblemente inspirador y positivo, propiciando un ambiente en el que se fomenta la colaboración, la creatividad y el crecimiento continuo.

5. CONSTRUYENDO LEGADO
Transformar para dejar huella

Con demasiada frecuencia se habla de crecimiento personal, de la construcción de equipos de trabajo y de los estilos de liderazgo que se ponen al servicio de la transformación y evolución de las organizaciones. Asimismo, se discuten las estrategias y la definición de retos que se concretan en objetivos a corto y medio plazo, así como en planes de incentivos para los empleados.

Sin embargo, rara vez se aborda la construcción de un legado, un aspecto que considero debería ser el objetivo final de todo proceso de transformación y alto rendimiento.

Cuando hablamos de legado nos referimos a un concepto fundamental en el contexto del liderazgo de equipos, ya que es el que realmente permite mover y orientar a toda la organización. La creación de un legado no solo implica dejar una huella duradera, sino también establecer una cultura que trascienda en el tiempo, donde los valores y aprendizajes se transmitan a futuras generaciones.

Así, un enfoque en el legado puede transformar la visión de la organización, asegurando que cada esfuerzo de transformación esté alineado con una misión mayor que inspire y motive a todos los miembros del equipo.

Por construcción de legado nos referimos al impacto duradero y positivo que cualquier persona deja en su equipo y organización y, en algunos casos, en la sociedad en general, una vez que ha dejado su posición o ya no está presente.

La construcción de legado se refiere a ese conjunto de acciones, valores y contribuciones que una persona, líder o equipo deja a su paso, y que perduran en el tiempo, generando un impacto significativo y positivo. No se trata únicamente de logros inmediatos o visibles, sino de aquello que se convierte en parte intrínseca de la cultura organizacional o social, influenciando comportamientos y decisiones mucho después de que esa persona ya no esté presente. En este sentido, el legado va más allá de resultados puntuales y se consolida como una huella duradera que guía a las generaciones futuras.

Un componente clave en la construcción de legado es la capacidad de inspirar y formar a otros para que continúen avanzando en la dirección correcta. Esto implica transmitir conocimientos, establecer procesos sostenibles y fomentar una cultura de liderazgo compartido, donde el equipo pueda funcionar eficazmente sin la dependencia directa del líder original. La transferencia de estos elementos asegura que la organización o sociedad continúe evolucionando, manteniendo la esencia de los principios y valores sembrados y adaptándose a los nuevos retos con una base sólida.

Asimismo, el impacto del legado no se limita solo al entorno inmediato, sino que puede trascender hacia un nivel más amplio, influyendo incluso en el tejido social. Cuando los valores que se promueven son universales —como la responsabilidad, la innovación o la equidad—, el legado puede tener efectos transformadores en otras organizaciones e individuos más allá de las fronteras de la empresa o comunidad original. Un verdadero legado, entonces, es aquel que inspira cambios y contribuciones que resuenan a lo largo del tiempo, amplificando el impacto del trabajo realizado.

El gran aprendizaje de los últimos años, y que considero una inspiración para el futuro, es este: *evolucionar no es solo un objetivo personal o profesional, sino una responsabilidad*. Al hacerlo, dejamos un legado auténtico y significativo, que se convierte en la máxima expresión de trascendencia.

En una charla que impartí sobre cómo convertir el fracaso en oportunidades de aprendizaje en el marco del programa «Generación Docentes» de la Fundación Princesa de Girona, que acompaña a unas cuarenta estudiantes que se están formando para ser profesoras de educación infantil, sugerí: «*Ustedes se están preparando para ser artesanas de la construcción humana. Están formando a niños y niñas para que crezcan como seres humanos, y en cada uno de ellos siempre habrá una parte de ustedes. Del mismo modo, dentro de treinta años, cuando ustedes tengan mi edad, espero ver algo de lo que vivimos hoy reflejado en ustedes. Por favor, consideren la construcción de un legado como la principal fuerza motriz transformadora que existe*».

Podemos referirnos a ello como construcción de legado, dejar huella o cualquier otra manera que nos transmita el mismo mensaje. Lo que está claro es que, cuantas más personas se comprometan a transformar y generar un impacto positivo, más evolucionaremos como individuos y como sociedad.

6. PROYECTOS Y CASOS DE ÉXITO

Casos reales de incorporación de mentalidad en los procesos de transformación.

1. LYRA ETK IBERIA: LA TRANSFORMACIÓN COMERCIAL

Lyra ETK es un grupo francés líder en la distribución de suministros y equipos dentales que ha logrado una posición de referencia en el mercado gracias a su calidad y servicio. Desde hace años, hemos trabajado de manera estrecha con la división de Iberia, que abarca España y Portugal, liderada por Manuel Guerrero, el *country manager* responsable de toda la parte comercial. Bajo su dirección, Lyra ETK Iberia se ha enfrentado a un desafío clave: aumentar la productividad y transformar su red comercial, adaptándose a un entorno en constante evolución y altamente competitivo.

El reto para Lyra ETK Iberia no solo se limitaba a mejorar su productividad, sino a incorporar un cambio de mentalidad que les permitiera gestionar de manera efectiva las adversidades, potenciar las relaciones con sus clientes y ofrecer un valor diferencial. Para lograr estos objetivos, decidieron apostar por nuestra metodología de Sapiens Mindset.

La misión era clara: *fomentar una mentalidad de cambio en el equipo, mejorar su capacidad de adaptación y fortalecer su resiliencia, con el fin de ofrecer un servicio más consultivo y de mayor valor añadido.*

Desarrollo de la mentalidad de transformación

El proceso de transformación cultural en Lyra ETK Iberia no fue inmediato; se llevó a cabo a lo largo de un programa de acompañamiento anual diseñado conjuntamente. Este programa combinaba varias estrategias e intervenciones clave:

1. **Sesiones de inspiración:** Se realizaron eventos periódicos en los que se inspiraba al equipo a través de charlas motivacionales y estudios de casos, mostrando ejemplos exitosos de transformación en otras industrias.
2. **Programas de formación:** Se ofreció formación específica en habilidades clave como la resiliencia, liderazgo y venta consultiva. Estas sesiones estaban diseñadas para equipar al equipo con las herramientas necesarias para adaptarse al cambio de manera efectiva.
3. *People analytics*: Una parte fundamental del proceso fue la introducción de mediciones objetivas. A través de herramientas de *people analytics*, se recopiló información sobre las habilidades, competencias y capacidades del equipo, permitiendo identificar las áreas de mejora y ajustar las estrategias de formación.
4. **Inteligencia artificial:** Se incorporaron herramientas de inteligencia artificial para ayudar en la toma de decisiones estratégicas, ofreciendo análisis predictivos sobre la capacidad de adaptación del equipo y la incorporación de la IA generativa en los procesos diarios de la organización.

El programa de transformación no solo se centró en lo técnico, sino que también introdujo prácticas que fomentaban el bienestar y el autoliderazgo, como se detalla a continuación.

Áreas de trabajo: un enfoque integral

El enfoque integral desarrollado abordó diferentes áreas críticas para el éxito de la transformación cultural. Cada una de ellas tuvo un impacto significativo en la productividad del equipo y en los resultados comerciales de Lyra ETK Iberia.

1. **Mentalidad de transformación *sapiens*:** Se promovió una nueva forma de pensar orientada al cambio constante. Los comerciales aprendieron a ver los desafíos no como obstáculos, sino como oportunidades para mejorar y crecer.

2. **Resiliencia y superación de adversidades:** Se trabajó intensamente en la capacidad del equipo para superar adversidades. En un entorno comercial donde la presión por cumplir con los objetivos puede ser alta, esta capacidad de recuperación fue crucial para mantener la motivación y la efectividad en el trabajo.

3. **Liderazgo referente:** Se fomentó un liderazgo no jerárquico, donde los comerciales debían convertirse en referentes para sus clientes, generando confianza y estableciendo relaciones más profundas y duraderas.

4. **Prácticas monásticas para el autoliderazgo y bienestar:** Se introdujeron técnicas de *mindfulness* y gestión del tiempo inspiradas en prácticas monásticas para ayudar a los comerciales a mantener el equilibrio entre el alto rendimiento y su bienestar personal.

5. **Prácticas deportivas de alto rendimiento:** Además de las habilidades mentales, se trabajó en el rendimiento físico del equipo, introduciendo rutinas de ejercicios diseñadas para mejorar la resistencia, la concentración y el enfoque en el día a día.

6. **Liderazgo trascendente:** Va más allá de dirigir equipos; se trata de inspirar a otros a alcanzar su máximo potencial mientras se construyen bases sólidas para el futuro. Este tipo de liderazgo se enfoca en dejar un legado duradero, que no solo impacte a la organización en el presente, sino que también guíe a las generaciones futuras. A través de valores compartidos y una visión a largo plazo, el líder trascendente asegura que su influencia perdure más allá de su tiempo.

Este enfoque multidimensional permitió que el equipo comercial no solo mejorara sus habilidades técnicas, sino que también desarrollara la capacidad mental y física para mantener un alto rendimiento de manera sostenible.

Resultados obtenidos: un cambio tangible y evaluable

Tras la implementación de estos programas, los resultados fueron contundentes. La capacidad de cambio de la organización y su resiliencia mejoraron significativamente, lo que se reflejó en múltiples áreas clave del negocio.

1. **Mejora en la capacidad de cambio:** El equipo comercial experimentó un notable incremento en su autoconfianza, alineándose con la visión de la dirección. Esta evolución también se tradujo en un crecimiento significativo en su proactividad, lo que permitió impulsar con éxito los servicios y productos de valor añadido. Como resultado, los clientes percibieron estas mejoras, reflejándose en un aumento tanto en los resultados comerciales como en la satisfacción del cliente.

2. **Incremento de la resiliencia:** El número de visitas diarias aumentó significativamente, impulsado por la mayor resiliencia del equipo y su capacidad para gestionar las adversidades del entorno comercial. Además, se observó una mayor retención de clientes históricos, quienes valoraron la cercanía y confianza mantenidas por el equipo, incluso en tiempos difíciles. Esta adaptabilidad permitió también captar un mayor número de nuevos clientes, reflejando la habilidad del equipo para ajustarse rápidamente a las necesidades cambiantes del mercado.

3. **Comerciales como referentes:** Cada comercial logró un crecimiento en su facturación individual al consolidar relaciones más sólidas con sus clientes, lo que, a su vez, potenció la venta de productos de mayor valor añadido, diferenciando a Lyra ETK de sus competidores. Además, productos que anteriormente no se promocionaban activamente ahora forman parte del portafolio de ventas, ampliando la oferta disponible para los clientes y fortaleciendo la posición de la empresa en el mercado.

Conclusión: una transformación integral

La transformación cultural implementada en Lyra ETK Iberia no solo tuvo un impacto en la productividad, sino que cambió la manera en que el equipo comercial entendía y abordaba su trabajo. Al incorporar prácticas de resiliencia, liderazgo consultivo y herramientas de análisis avanzado, la empresa logró orientar sus servicios hacia el valor añadido, transformando no solo a sus comerciales, sino también la experiencia de sus clientes.

El equipo de Lyra ETK ahora está mejor equipado para enfrentar los desafíos del sector dental, con una mentalidad de crecimiento y una capacidad de adaptación que les permitirá seguir liderando el mercado en los próximos años. Este cambio integral ha sentado las bases para un futuro más sólido y competitivo, tanto para la empresa como para su red comercial.

Testimonio de Manuel Guerrero, *country manager* de Lyra ETK Iberia

La transformación que hemos vivido en Lyra ETK Iberia ha sido profunda y significativa. Gracias al trabajo con Albert y su equipo, hemos logrado no solo mejorar nuestras cifras de negocio, sino también transformar la manera en que nuestro equipo aborda su trabajo diario. Hoy, nuestros comerciales no solo son vendedores, sino líderes que guían a nuestros clientes hacia soluciones de mayor valor añadido. Estamos orgullosos del camino recorrido y de los resultados obtenidos, y sabemos que estamos preparados para enfrentar los retos del futuro con una mentalidad ganadora.

2. MUTUA UNIVERSAL: LOS REFERENTES DE TRANSFORMACIÓN

Mutua Universal, mutua colaboradora con la Seguridad Social, es una entidad con más de cien años de historia fundada en 1907 con el propósito de promover la salud laboral y la prevención en el ámbito laboral de España. Estos valores fundamentales se consideran elementos cruciales para el desarrollo humano, impulsando el bienestar en la sociedad. A lo largo de su trayectoria, la organización ha sido reconocida por la calidad de sus servicios asistenciales, impulsando el desarrollo de las nuevas tecnologías aplicadas a la salud y por su capacidad de gestión. En los últimos años, Mutua Universal ha emprendido un ambicioso proceso de transformación para adaptarse a los cambios vertiginosos del sector.

Desde el ámbito de los recursos humanos este proceso de cambio ha estado enfocado en consolidar la cultura corporativa basada en tres grandes pilares: sentido de pertenencia, vocación de servicio e innovación. En ese contexto, Mutua Universal ha identificado la necesidad de evolucionar no solo desde el punto de vista tecnológico, sino también a nivel humano, para asegurar que las personas trabajadoras estén alineadas con la cultura corporativa y las nuevas exigencias del entorno.

Situación: innovación en la gestión del talento

Uno de los grandes retos que la dirección de Recursos Humanos asumió fue trasladar los pilares y principios de la cultura corporativa a las personas, no solo a nivel de comunicación, sino con un proyecto en el que las propias personas fueran elementos activos de este.

En este contexto de cambio, la gestión del talento tomó un papel central. A través del programa «Embajadores del Cambio» se creó un equipo formado por personas de la dirección de Recursos Humanos, liderado por Llorenç Valls, responsable de Formación y Desarrollo, para desarrollar las diferentes iniciativas. Este programa seleccionó a ochenta trabajadores y trabajadoras de diversos departamentos con el objetivo de que estos sirvieran como impulsores internos, actuando como motores de desarrollo. La innovación y el talento se unieron en una estrategia centrada en el liderazgo humano, que buscaba fomentar una cultura de cambio organizacional desde dentro.

La necesidad de una validación objetiva

El proceso de transformación cultural que Mutua Universal estaba implementando no solo implicaba la adopción de nuevas tecnologías y metodologías, sino también un cambio profundo en la mentalidad y las competencias de los empleados encargados de guiar este cambio.

Para que el proceso de transformación fuera exitoso, era crucial asegurarse de que los agentes del cambio —los embajadores y embajadoras seleccionados— fueran las personas más adecuadas para liderar esta nueva etapa. La compañía entendía que la selección no podía basarse únicamente en impresiones subjetivas o en criterios tradicionales como la evaluación del desempeño. Necesitaban una validación objetiva que proporcionara una base sólida para la toma de decisiones, tanto en este proceso como en futuras iniciativas.

La importancia de una selección adecuada

La elección de las personas embajadoras del cambio en cualquier proceso de transformación organizacional es crítica. Estas personas se convierten en referentes dentro de la empresa, influyendo en sus compañeros y compañeras y promoviendo la adopción de nuevas prácticas, valores y comportamientos. Si no se eligen correctamente, el riesgo es que el proceso de transformación pierda credibilidad y no logre los objetivos previstos.

Mutua Universal, consciente de la importancia de este rol, reconocía que necesitaban un método más robusto para garantizar que sus personas embajadoras fueran las mejoras candidatas, no solo en términos de habilidades técnicas, sino también en su capacidad para adaptarse al cambio, liderar con empatía y alinearse con los objetivos estratégicos de la empresa.

La necesidad de una validación objetiva

A medida que la transformación avanzaba, los directivos y directivas de Mutua Universal comenzaron a preguntarse si las personas seleccionadas realmente cumplían con las competencias necesarias para liderar el cambio de manera efectiva. Aunque el proceso de selección inicial había sido exhaustivo, sentían la necesidad de contar con un sistema que fuera capaz de validar de manera objetiva la idoneidad de las personas embajadoras, reduciendo la subjetividad y los sesgos en la toma de decisiones. Querían asegurarse de que las personas elegidas no solo fueran competentes en sus funciones actuales, sino que también tuvieran la flexibilidad cognitiva, la resiliencia y la capacidad de innovación necesarias para influir a sus equipos en un entorno de constante cambio.

Además, el éxito de este proceso podría sentar las bases para un enfoque más estructurado y objetivo en futuras selecciones de talento, no solo para embajadores y embajadoras del cambio, sino para cualquier rol crítico dentro de la organización. Esto ayudaría a Mutua Universal a crear un sistema de gestión del talento más alineado con las necesidades estratégicas de la empresa, promoviendo una cultura de mejora continua.

La apuesta por la mentalidad *sapiens*

Con la visión de establecer un sistema más objetivo y preciso, Mutua Universal decidió contactar con nosotros y utilizar la herramienta Sapiens Mindset, especializada en el análisis de datos y la gestión del talento. Como ya se ha dicho, esta herramienta ofrece una metodología basada en *people analytics*, y permite recopilar y analizar datos sobre el comportamiento, las competencias y el rendimiento de los empleados.

Esta metodología proporciona un enfoque basado en la evidencia para tomar decisiones de gestión de talento, eliminando en gran medida los sesgos que pueden afectar los procesos tradicionales de selección.

El objetivo principal de esta colaboración era doble: en primer lugar, verificar que las personas embajadoras del cambio ya seleccionadas eran las más adecuadas para cumplir con su rol; y, en segundo lugar, desarrollar un marco que permitiera a Mutua Universal hacer futuras selecciones de una manera más sistemática, alineando las competencias de los candidatos y candidatas con las necesidades cambiantes de la empresa.

Metodología de evaluación

Se implementó una metodología que combinaba autoevaluaciones de agentes del cambio con evaluaciones por parte de sus compañeros y compañeras y personas supervisoras. Esta estrategia no solo proporcionó una visión integral del desempeño de los embajadores y embajadoras, sino que también permitió captar aspectos menos visibles, como la capacidad de adaptación, el liderazgo en situaciones de incertidumbre y la influencia positiva en los equipos.

Este enfoque multidimensional permitió que los datos recopilados reflejaran no solo el rendimiento actual de las personas embajadoras, sino también su potencial de crecimiento y adaptación en el futuro. Los informes generados ofrecían una visión clara y objetiva de las fortalezas y áreas de mejora de cada embajador/a, proporcionando a Mutua Universal las herramientas necesarias para tomar decisiones informadas.

Impacto de la validación

Los resultados de la validación fueron esclarecedores. No solo confirmaron que las embajadoras y embajadores del cambio seleccionados eran idóneos para sus roles, sino que también proporcionaron una mayor confianza a la alta dirección sobre la calidad del proceso de selección. El éxito de este análisis reafirmó la importancia de adoptar un enfoque basado en datos para la gestión del talento en un entorno en constante transformación.

Este enfoque innovador permitió que Mutua Universal consolidara su proceso de transformación con una base sólida de liderazgo efectivo, impulsando un cambio cultural sostenido y exitoso.

Actuación: implementación de *people analytics*

El primer paso consistió en realizar una prueba piloto en el departamento de Recursos Humanos, bajo la supervisión de David Estivill. La metodología obtuvo de sus participantes una nota media de *transformability*, un indicador clave de la capacidad de adaptación y liderazgo en tiempos de cambio. Tras este experimento inicial, el siguiente desafío fue aplicar la herramienta de *people analytics* al grupo de ochenta agentes del cambio seleccionados.

El proceso incluyó tanto pruebas de autoevaluación como evaluaciones entre pares, ampliando así el conjunto de datos disponible para un análisis más exhaustivo. Esta información permitió generar informes ricos en detalles y altamente precisos, que sirvieron para evaluar el perfil de cada embajador y embajadora.

Los resultados fueron alentadores:

El grupo de agentes del cambio obtuvo un 10% por encima de la media registrada en la prueba piloto. Esto no solo confirmó la idoneidad de las personas seleccionadas, sino que también reafirmó el entusiasmo de los y las participantes por formar parte del proceso. De los 80 agentes seleccionados, 79 completaron con éxito las actividades y recibieron con satisfacción los resultados que los posicionaban como referentes clave dentro de sus departamentos. Ningún agente fue descartado del programa.

Resultados: un sistema objetivo para la selección de líderes

La validación objetiva del proceso de selección de embajadoras y embajadores del cambio no solo fue una victoria para Mutua Universal, sino que también marcó un hito en la búsqueda de un sistema más fiable y objetivo para futuras selecciones de talento. Los datos proporcionados permitieron a la compañía alinear con mayor precisión a los agentes del cambio con las futuras estrategias organizacionales.

Además, la implementación de este enfoque basado en datos posibilitó a Mutua Universal identificar patrones de comportamiento y competencias clave que antes podrían haber pasado desapercibidos en procesos de selección más tradicionales. Esta capacidad de anticipación y análisis profundo no solo ayudó a elegir las mejores candidaturas para liderar el cambio, sino que también fomentó una cultura de aprendizaje continuo y adaptabilidad dentro de la organización. Con una visión más clara del potencial de su equipo humano, Mutua Universal está ahora mejor equipada para afrontar las demandas de un entorno empresarial en constante evolución, promoviendo un liderazgo proactivo y resiliente

Conclusión

La transformación cultural en una organización va mucho más allá de la simple adopción de nuevas tecnologías o de la implementación de procesos modernos. Se trata de un enfoque centrado en el factor humano, en el cual identificar, nutrir y validar el talento es fundamental para garantizar que las personas líderes del cambio posean las capacidades necesarias para guiar a la empresa hacia el futuro.

3. ISGLOBAL: LA APUESTA POR LA MENTALIDAD DE EVOLUCIÓN

En 2015, ISGlobal (el Instituto de Salud Global de Barcelona) emprendió un ambicioso proyecto de transformación organizativa a partir de la fusión con dos centros de investigación. ISGlobal es una institución líder en investigación de salud pública, y forma parte del entorno del Hospital Clínic, la Universidad de Barcelona, el Hospital del Mar y la Universidad Pompeu Fabra. Con el apoyo incondicional de la Fundación bancaria La Caixa, la Generalitat de Catalunya, el Gobierno central y el Ayuntamiento de Barcelona, ha destacado por su enfoque innovador en la generación de conocimiento y soluciones en el ámbito de la salud global.

En una conferencia organizada por la Asociación Catalana d'Entitats de Recerca en 2018, Gonzalo Vicente, gerente de ISGlobal, visualizó una evolución organizativa inspirada en la teoría de la mentalidad mamut o *sapiens*, un concepto extraído de nuestros libros sobre mentalidad de evolución y del que hemos hablado en repetidas ocasiones.

Esta visión se transformó en un proyecto de cambio profundo, centrado en la implantación de una mentalidad más ágil y adaptable, a la que llamamos mentalidad *sapiens*, en el departamento de administración, que se inició en 2018 y en el que hoy en día sigue trabajándose. Este proyecto se integra dentro de un programa de evolución organizativa denominado *code plan*, y que aborda el diseño organizativo y toma de decisiones, la renovación generacional y la cultura y valores de la entidad.

El modelo de mentalidad *sapiens*

El concepto de mentalidad *sapiens* que adoptó ISGlobal se refiere a una mentalidad de evolución que prioriza la adaptabilidad, la innovación, la colaboración y la flexibilidad en lugar de la resistencia al cambio o la repetición de patrones obsoletos, características asociadas a la mentalidad mamut. Esta distinción entre mamut y *sapiens* representa dos formas opuestas de enfrentar los desafíos organizativos: la primera, estancada en el pasado; la segunda, en constante evolución.

Con esta filosofía en mente, ISGlobal decidió evolucionar su departamento de administración para crear una cultura organizativa que reflejara esta agilidad organizativa. El proyecto fue liderado por un equipo multidisciplinar, contó con la fuerte apuesta de Gonzalo Vicente y fue apoyado por los directivos de toda la organización, quienes fueron fundamentales para impulsar esta transformación desde la visión estratégica.

El proceso de transformación

A lo largo de los años, el proyecto avanzó a través de varias etapas clave:

1. **Diagnóstico de mentalidad *sapiens*:** En esta fase, se realizó un diagnóstico exhaustivo del departamento de administración con metodología *people analytics* para evaluar el grado de alineación con la mentalidad *sapiens*. Esta evaluación fue crucial para identificar y conectar las áreas de mejora y establecer una línea base sobre la cual trabajar.
2. **Programas de mentalidad de transformación:** Se diseñaron programas específicos orientados a fomentar el cambio de mentalidad en toda el área funcional. Estos programas buscaban que los empleados desarrollaran una actitud abierta a la innovación, la colaboración interdepartamental y la adaptabilidad.
3. **Programa de liderazgo sobre referentes de transformación:** Este programa se centró en la identificación y formación de líderes dentro del departamento que pudieran actuar como referentes y catalizadores del cambio. Estos líderes fueron formados en habilidades de transformación y liderazgo colaborativo.
4. **Escuela de transformación:** Un innovador programa *blended* (presencial y *online*) con materiales diseñados a través de entornos de campus y con contenidos generados *adhoc*.
5. **Programa de alto rendimiento:** Este programa, creado con IA generativa, fue la culminación del proceso de transformación, donde todo el equipo se sumergió en prácticas orientadas a maximizar su rendimiento, siempre alineadas con la filosofía de innovación y agilidad organizacional.

6. **Mentorías grupales por subáreas:** Finalmente, el acompañamiento personalizado en forma de mentorías grupales fue esencial para asegurar que cada subárea del departamento lograra integrar la nueva mentalidad de manera efectiva y sostenible.

Innovación y colaboración

El éxito del proyecto de transformación en ISGlobal radicó en la colaboración cercana entre nuestra organización y el equipo de ISGlobal. A lo largo del proceso, ambas organizaciones innovamos juntas, creando soluciones a medida en función de las necesidades emergentes.

Un ejemplo destacado de esta innovación fue el uso de la IA generativa en la creación de materiales educativos y en la implementación de programas de alto rendimiento, lo que permitió a ISGlobal dar un salto cualitativo en su propuesta de valor.

Hoy en día, ISGlobal ha consolidado una cultura de transformación que no solo está presente en el departamento de administración, sino que ha comenzado a permear en otras áreas de la organización, transmitiendo la mentalidad *sapiens* a todos los niveles.

Testimonio de Gonzalo Vicente, gerente de ISGlobal

Desde el principio, tuve claro que ISGlobal debía evolucionar si queríamos mantenernos a la vanguardia en un entorno tan dinámico como el de la investigación en salud global. La transformación del departamento de administración bajo el modelo de mentalidad sapiens y englobado en un proyecto de transformación organizativa integral ha sido un apoyo clave para lograrlo.

Ver cómo el equipo ha adoptado una mentalidad de innovación, agilidad y colaboración es algo que me enorgullece enormemente. Estoy convencido de que este es solo el primer paso de una evolución mayor que impactará a toda la organización en los próximos años. Estamos preparados para lo que venga.

Conclusión

El proyecto de transformación en ISGlobal es un claro ejemplo de cómo una visión estratégica, combinada con el uso de tecnología avanzada y un enfoque centrado en las personas, puede generar cambios significativos y sostenibles en una organización.

4. GRUP VIVÓ: TRANSFORMANDO PARA CONSTRUIR LEGADO

El recorrido de Grup Vivó es una historia de evolución constante, una narrativa que combina tradición y modernidad. Desde sus inicios en los años cincuenta como Carbónicas Vivó, bajo la visión de Eduard Vivó Raventós, la compañía se consolidó en La Provenzana como un referente en la fabricación de bebidas carbónicas. Hoy, con cerca de noventa empleados, Grup Vivó ha evolucionado hacia un conglomerado empresarial con una sólida identidad, destinada a la distribución de bebidas.

El desafío transformacional

La visión estratégica de construir legado se materializó cuando Joan Vivó, actual director general, decidió emprender otro reto organizativo destinado a dar continuidad a la evolución de la compañía, ahora que él estaba cerca de su jubilación.

Joan Vivó (padre) ya lideró una primera revolución informática hace más de tres décadas con la implementación del primer sistema ERP, y apostó firmemente por la tecnología, asumiendo que debería ser uno de los pilares fundamentales para la sostenibilidad.

Asistió a una de mis conferencias sobre mentalidad de transformación de personas y empresa que impartí en ADIScat (Asociación de Empresas de Distribución y Logística de Bebidas y Alimentación de Catalunya). Joan se sentó en primera fila y escuchaba atentamente, y, a partir de ese momento, conectamos y conjuntamente encontramos la inspiración para llevar a Grup Vivó al siguiente nivel.

Después de varias conversaciones, ambos coincidimos en un principio clave: cualquier cambio debía preservar la esencia corporativa que había definido a la compañía durante generaciones, pero con nuevas formas de gestionar a personas y con el uso de las herramientas actuales y de las que están por venir.

A partir de allí se visualizó una transformación que comenzó con un foco claro en el área comercial, liderado por Joan (hijo), quien asumió dicho desafío con tres ideas claras.

La primera era acelerar la evolución del área comercial acorde al siglo XXI de manera que pudiera definir su propia visión organizativa.

La segunda era acelerar el uso de nuevas tecnologías como la IA para optimizar datos y procesos aportando la máxima eficiencia posible.

La tercera, custodiar la fuerza de liderazgo y reputación que había caracterizado a su padre y a sus abuelos al frente del proyecto. Para Joan (hijo), la clave del éxito estaba en mantener el equilibrio entre la innovación y el respeto por el legado familiar.

Estas tres apuestas que deseaba alinear Joan (hijo) se sincronizaban totalmente con la visión que a Joan Vivó le gustaba decir siempre: «*No se trata de escanear mi trabajo de los últimos treinta años y actualizar una nueva versión. Se trata de que creéis algo nuevo, manteniendo la esencia corporativa que nos ha llevado hasta aquí, pero adaptada a vuestros tiempos. Tocará cambiar cosas, pero a pesar de esos cambios, debemos seguir siendo los mismos*».

Apuesta por un liderazgo transformador

La firme apuesta por las personas y el liderazgo transformador era clave para desarrollar y consolidar una cultura organizacional basada en la mejora continua. Este enfoque permitió que la mentalidad de cambio, iniciada desde la dirección, fuera fluyendo de manera natural hacia los jefes de equipo y, finalmente, hasta los comerciales.

El objetivo era claro: construir una organización donde cada integrante no solo comprendiera, sino que abrazara la idea de mejorar e innovar constantemente para ofrecer soluciones diferenciadoras a los clientes. Esta transformación no debía basarse solo en la tecnología, sino que era necesario poner a las personas en el centro, impulsándolas a alcanzar su máximo potencial en un entorno de colaboración y excelencia.

La IA al servicio del legado y el futuro

La implementación de la tecnología y la inteligencia artificial marcó un antes y un después en la estrategia comercial de Grup Vivó. En el departamento comercial, el uso de IA descriptiva permitió analizar datos históricos y, a partir de ahí, apostar por la IA predictiva fue el reto que permitió anticiparse.

Además, la mejora de procesos mediante capacidades de automatización impulsó la productividad y la calidad en cada etapa del negocio. Este avance no solo optimizó los costes, sino que también creó un entorno de trabajo más ágil, donde la tecnología y las personas trabajaban en perfecta sinergia.

Sin embargo, el mayor logro no fue solo tecnológico, sino humano. Joan (hijo) logró integrar la tecnología como una extensión de los valores que siempre han definido a Grup Vivó: innovación con propósito, compromiso con las personas y respeto por el legado familiar.

Durante una conversación, mientras reflexionábamos sobre los resultados del proyecto, Joan (hijo) expresó: «*Estoy tranquilo y contento con el camino que estamos siguiendo. ¿Sabes por qué, Albert? Porque estamos transformando la compañía con la ayuda de la IA, pero sin perder ese factor humano que nos hace únicos. Mi padre siempre dice, y lo comparto al cien por cien que ser* sapiens *es lo mejor que tenemos, y que la IA son nuestras hachas modernas: herramientas para avanzar, no para sustituirnos*».

Resultados y beneficios

Los beneficios de este proyecto fueron palpables en varias dimensiones. A nivel operativo, la empresa logró una significativa optimización de procesos, reducción de costes y mejora en la calidad del producto final. La incorporación de IA potenció la toma de decisiones estratégicas, permitiendo al equipo combinar lo mejor de la tecnología con el juicio humano.

No solo se transformó su presente, sino que se estaba construyendo el futuro con una visión que conectaba pasado, presente y futuro. En este proceso, la inteligencia artificial no fue solo una herramienta, sino un puente para preservar y enriquecer un legado que sigue escribiéndose.

Lecciones y conclusiones

Hay empresas que suelen comprar programas de formación y desarrollo para potenciar la cultura, pero, en este caso, Joan Vivó siempre tuvo claro que estos proyectos deben tener un fuerte apoyo por parte de la dirección y, en su caso, su obsesión era el legado.

Cuando nos vimos para preparar este capítulo y reunidos los tres en la sala, se levantó de la mesa, agarró la puerta para salir y afirmó: «*¡Me iré pronto y tranquilo! Para mí, el trabajo que estáis realizando es un éxito. Sé que nos quedan cosas por hacer, sé que tendremos incidencias, sé que a veces puedo parecer un poco mamut ya viejo, pero eso sí, viejo y tranquilo porque el legado lo tenemos en marcha. Ahora, Joan, sigue por este camino, y tú, Albert, sigue con Carla y el área de administración, porque cuando me vaya tú te irás conmigo y seguro que nos inventaremos otras cosas*».

Para mí, Grup Vivó, además de ser una empresa que siento como mía, es un ejemplo de cómo transformar una empresa familiar pensando en construir un legado y aprovechando la IA para hacerlo de la forma más eficiente, poniendo en valor siempre el *sapiens* humano.

5. BLINKER: UN VIAJE DE TRANSFORMACIÓN Y TECNOLOGÍA

En el competitivo mundo del suministro de material auxiliar para la industria, las empresas enfrentan el desafío constante de mantenerse relevantes y eficientes. Este es el caso de **Blinker**, una organización líder en sectores como automoción, construcción, mantenimiento y náutica, que opera en más de 25 países y atiende a más de 95.000 clientes en cuatro continentes.

Blinker se encontró ante un reto crucial: combinar el poder de la tecnología con el desarrollo humano para crear un modelo operativo más eficiente, dinámico y humano. Así nació un ambicioso proyecto de transformación que integró una mentalidad de alto rendimiento con las capacidades de la inteligencia artificial.

El desafío: conectar dos mundos esenciales

La dirección de Blinker, liderada por su director general, Juan Carlos Valero, identificó dos prioridades estratégicas:

1. **Desarrollar la mentalidad de alto rendimiento** en los managers, quienes debían convertirse en agentes del cambio, capaces de liderar con eficacia en un entorno en constante evolución.
2. **Implantar soluciones de IA** que optimizaran procesos clave, especialmente en la logística, y con el *picking* en almacenes como punto de partida para luego extenderlo a otras áreas de la organización.

El objetivo era claro: *No solo mejorar la eficiencia operativa, sino también reforzar el liderazgo transformador para acompañar a los equipos a conseguir un alto rendimiento y potenciar el bienestar de los empleados.*

El programa de transformación

1ª Etapa: Mentalidad de transformación hacia el alto rendimiento

El primer paso del proyecto se centró en el desarrollo personal y profesional de los managers. Se diseñó un programa intensivo basado en tres pilares:

- **Transformación de la mentalidad:** los managers aprendieron a adoptar una perspectiva de cambio continuo, reconociendo que la evolución constante es clave para el éxito.
- **Liderazgo de alto rendimiento:** se introdujeron técnicas para gestionar equipos de manera efectiva, manteniendo altos niveles de motivación y bienestar.
- **Prácticas de bienestar:** a través de dinámicas inspiradas en disciplinas como la alimentación, la desconexión digital, el autocuidado o el descanso, los managers desarrollaron herramientas para gestionar el estrés y fomentar la resiliencia en sus equipos.

Este enfoque holístico permitió a los líderes de Blinker no solo optimizar el rendimiento individual, sino también fortalecer el tejido cultural de la organización.

2ª Etapa: IA para la eficiencia operativa

La segunda fase del proyecto consistió en la implementación de soluciones avanzadas de inteligencia artificial. Entre las innovaciones más destacadas se encuentran:

- **Optimización del *picking*:** en las dos primeras fases del proyecto, Blinker puso en marcha un enfoque progresivo para integrar la inteligencia artificial en sus operaciones. En la primera fase piloto se implementó un modelo de IA aplicado a las cámaras de vídeo previamente instaladas en las instalaciones, con el objetivo de medir los tiempos de trabajo en actividades clave como preenvasado, manipulado y etiquetado. Los datos obtenidos fueron analizados, proporcionando información valiosa para identificar áreas de mejora. En la segunda fase, de mayor complejidad, se extendió el análisis a los puestos de *picking* del almacén robotizado, centrándose en medir los tiempos de manipulado y envasado de productos. Con un progreso del 70%, esta etapa permitió capturar datos fundamentales para optimizar los procesos y sentar las bases de una logística más eficiente.

- **Automatización de procesos logísticos:** la tercera fase, la más ambiciosa del proyecto, se enfocó en la prevención de errores y la mejora de los procesos de calidad hacia la excelencia, que fueron los objetivos principales. Para lograrlo, se instalaron nuevas cámaras en puntos estratégicos del almacén, diseñadas para medir la productividad y detectar incidencias en tiempo real —como paradas, atascos o fallos en los equipos— y también para anticipar errores en la asignación de productos a pedidos y evitando confusiones entre distintas zonas de almacenamiento.

Estas herramientas no solo mejoraron la eficiencia, sino que también permitieron liberar tiempo para que los equipos humanos se enfocaran en tareas estratégicas de mayor valor, como pueden ser procesos de mejora o acompañamiento a las personas y trabajadores de la organización.

Resultados tangibles y transformadores

La combinación de estas dos iniciativas generó resultados sobresalientes en Blinker:

- **Incremento de la calidad asociada a la eficiencia operativa:** los tiempos de procesamiento en almacenes se redujeron, lo que mejoró significativamente los plazos de entrega, la calidad en los procesos y la satisfacción del cliente.
- **Liderazgo transformador:** los managers demostraron una mayor capacidad para liderar con claridad, empatía y determinación, llevando a sus equipos a un nivel superior de rendimiento para poder transmitir este enfoque a todas las capas de la organización.
- **Bienestar organizacional:** la implementación de prácticas de alto rendimiento fomentó una cultura organizacional más saludable, con un impacto positivo en la retención de talento y el compromiso de los empleados.

El testimonio del cambio

Para Juan Carlos Valero, este proyecto representa un hito en la evolución de Blinker:

Con estas iniciativas hemos demostrado que es posible ser más eficientes, destacando siempre el valor de las personas por encima de la tecnología. La inteligencia artificial nos ha ayudado a optimizar procesos, pero lo más importante es cómo está sirviendo de apoyo a nuestros managers para inspirar a sus equipos a alcanzar un alto rendimiento sin perder de vista la eficiencia y el bienestar a todos los niveles de la organización.

Lecciones para el futuro

El caso de Blinker es un ejemplo inspirador para otras organizaciones que buscan integrar tecnología y desarrollo humano. Su experiencia deja claro que:

- La tecnología es una herramienta, pero el éxito radica en las personas que la utilizan.
- El liderazgo transformador es la clave para gestionar la complejidad y el cambio constante.
- El equilibrio entre eficiencia operativa y bienestar humano es posible y sostenible.

Blinker ha demostrado que, cuando se combina la mentalidad de alto rendimiento con las capacidades de la inteligencia artificial, se crean organizaciones más ágiles, humanas y preparadas para el futuro.

7. CONCLUSIONES

A. DIGITALIZACIÓN: DEL COPIAR-PEGAR AL TRANSFORMAR-PEGAR

La digitalización debe ser una transformación de la presencialidad

Debido a mi fracaso en los estudios, en 1992 y con veinte años, empecé a trabajar en una pequeña empresa de informática. Era el chico que trabajaba en la tienda de ordenadores, pero muy pronto tuve la oportunidad de vivir en primera persona la transformación radical que suponía la tecnología esos años y que, a su vez, me transformó a mí.

En los primeros años, la tecnología que apareció fueron los llamados *ordenadores clónicos* o, dicho de otro modo, ordenadores de no-marca que se podían construir de una forma más fácil y mucho más económica. Eso supuso la democratización de los ordenadores y, por lo tanto, el *boom* de las herramientas informáticas, como eran los sistemas operativos, los editores de texto como Wordstar, Lotus Symphony, el Framework3 y otras soluciones ofimáticas que empezaron a aparecer en entornos más avanzados.

Poco después, empezaron los primeros pasos de la telefonía móvil y el nacimiento de internet, con esos módems que se conectaban lentamente a la red haciendo ese sonido tan típico. Con la red, aparecieron las primeras aplicaciones de mensajería y ya posteriormente, sobre los años 2000, empezaba a nacer lo que algunos llamaron *la burbuja de internet y del mundo de los emprendedores.*

En este momento, creo que la mayoría de las soluciones que aparecían y que casi toda la gente pirateaba eran para hacer su día a día más eficiente. Es decir:

- Para los trabajos de la escuela y aparcar la máquina de escribir.
- Para bajar música y no comprar CD.
- Para generar facturas o emitir recibos bancarios.
- Para otros casos similares.

Digamos que en ese momento comenzaba a *informatizarse* el mundo, lo que venía a ser el proceso de *poner dentro del ordenador aquello que estaba fuera*, es decir, reemplazar la libreta de papel por archivos de texto, sustituir los rotuladores físicos para pintar documentos o crear presentaciones para la escuela o el trabajo. Dicho de otra forma, esa ola de tecnología significaba informatizar lo que era físico y convertirlo en archivos digitales.

Fue en ese entonces cuando percibí que algo distinto se acercaba, y me di cuenta de que mi mundo físico, en ese momento ubicado en mi Igualada natal y en mi entorno conocido, no me permitiría evolucionar de la manera en que deseaba hacerlo. Por esta razón, me pregunté: «*¿Dónde puedo comprender otra forma de ver el mundo? ¿Qué debo aprender para evolucionar? ¿A qué entorno vital me debo dirigir?*».

Por esas fechas, conocí a Josep Miquel Piqué, que en ese momento era el director de los másteres de la Universidad La Salle Ramon Llull, y entonces empezaron a cambiar cosas.

Aposté por hacer algo que dije que nunca haría (estudiar másteres o posgrados) y en tres años seguidos me matriculé a tres másteres de tecnología, que fueron de e-Commerce (2001), e-Business (2002) y e-Learning (2003). Ahora, visto con perspectiva, me doy cuenta de que, aunque en ese momento pareciera una locura, allí tomé conciencia de lo que hablamos en estas páginas.

¿Por qué pasar de lo tangible a lo intangible?

Cuando digo que debemos pasar de lo tangible a lo intangible, me estoy refiriendo a que debemos dar un paso más allá de simplemente *poner dentro de un archivo informático* algo que está *fuera, en formato físico*.

En esencia, lo que estamos haciendo no es más que un *cambio* de una cosa por otra, como ya hemos mencionado anteriormente. Es muy importante y aporta mucho valor, ya que trabajar con elementos tangibles nos permite ser más eficientes y, por lo tanto, aumenta la productividad tanto de las personas como de las organizaciones.

¿Cómo digitalizar lo intangible?

Vamos a abordar lo que subtitula este capítulo: *la digitalización debe ser una transformación de la presencialidad.*

Muchas organizaciones están enfocando la digitalización como un proceso de cambio que transforma lo presencial pasándolo a formato digital, pero hay otro punto tan o más importante que este: digitalizar no solo es cambiar, no va solo de *poner en digital lo que es físico*, sino que va más allá. Digitalizar también consiste en transformar la presencialidad actual y la del futuro, en transformar lo tangible para cambiarlo y digitalizarlo de otra forma.

Hace unos meses impartí una conferencia titulada «Transformar organizaciones con IA», en la que se plantearon todos estos temas. Al finalizar, uno de los participantes me preguntó cómo la IA había cambiado mis libros. Mi respuesta fue la siguiente: «*Mis libros siguen igual, un poco más viejos y desfasados, pero ahora hemos creado dos nuevas realidades. La realidad presencial y la realidad digital, totalmente distintas. La realidad tangible y la intangible se han fusionado: lo que antes era físico ahora tiene una dimensión digital, y aquello que era intangible lo hemos trasladado al mundo tangible. Es lo mismo sin ser exactamente lo mismo*».

Para acabar este capítulo, es importante retener:

- La digitalización que vivimos ahora es la informatización que vivimos hace años, pero elevada exponencialmente.
- La transformación que estamos viviendo nos está permitiendo evolucionar y mejorar nuestras vidas.
- Esta transformación no solo va de tecnología, de procesos o de herramientas: va de mentalidad para aceptar, entender y utilizar la tecnología de una forma diferencial.

Transformemos esta mentalidad del mamut que no quería o no sabía cambiar, apostemos por la actitud de los *sapiens*, que sí querían hacerlo, para poner en primer plano los intangibles.

Apostemos por el mejor intangible de todos, que es la mentalidad, y, como *sapiens* que somos, bailemos entre mamuts y humanoides. Todos y todas saldremos beneficiados.

B. PERSONAS: EL PODER DE LO REPLICABLE
Replicar no es multiplicar, debe ser trascender

Este capítulo se inspira en algo que ya he comentado en páginas anteriores: la demanda que me realizó Sanofi en Querétaro en 2015. Allí tomé conciencia clara de dos cosas:

- Al existir un solo «Albert Riba», era único y, por lo tanto, no podía cumplir con todas las solicitudes y necesidades que ellos me planteaban.
- Necesitaba algo que fragmentara a Albert en pequeños pedazos para poder digitalizarlos y replicarlos.

Después de casi diez años trabajando con mis socios en mejorar el modelo, desarrollando un método con rigor y utilizando intensivamente la inteligencia artificial, puedo afirmar que una de las conclusiones de todo este trabajo es **la replicabilidad**.

Si observamos la evolución de las grandes organizaciones y de los líderes que han existido a lo largo de la historia de la humanidad, constataremos que aquellas personas que han conseguido replicar su modelo han sido capaces de trascender a sí mismas y dejar un legado.

Existen infinidad de ejemplos de grandes líderes que lograron trascender y ser replicables en distintos aspectos. Uno de ellos, que me gusta destacar, es san Benito de Nursia, quien, en el siglo VI d.C. definió un modelo de vida en los monasterios y lo plasmó en lo que se conoce como la regla benedictina. Hoy en día, dicha regla ha inspirado a la orden benedictina, que tiene cientos de monasterios en todo el mundo, así como a la orden cisterciense, que cuenta con otros tantos.

Esto demuestra que fueron capaces de pensar en su propia organización y en cómo podría trascender.

Esta capacidad de trascender y convertir *lo único en replicable* es una de las lecciones que considero fundamentales para determinar la evolución de las organizaciones. Si sumamos la ciencia, la inteligencia artificial y la tecnología a esta capacidad, veremos que los beneficios son muchos. Por esta razón, el libro que tenéis entre manos se titula **Mamut o humanoide**.

En ningún momento decimos que *lo único* deba eliminarse o protegerse en un búnker para que nadie lo copie. Lo que enfatizamos en este libro es que debemos definir el modelo que consideremos que queremos o debemos promocionar, analizar los procesos que debemos transformar para evolucionar y apostar por la evolución de cualquier producto, pero dando un paso más allá.

Asumamos que nuestras organizaciones pueden extinguirse como los mamuts porque realmente se han quedado ancladas en esa unicidad de sí mismas como especie. Esto es parte del proceso natural. Pero también asumamos que muchas organizaciones, al trascender a sus dueños o fundadores, siguen aportando valor a la sociedad.

Replicar no es simplemente multiplicar lo que tenemos. No se trata de hacer cien pódcasts, fotos o cualquier otra opción que nos aporte la tecnología gracias a la inteligencia artificial.

Replicar es trascender, dejar un legado y, por lo tanto, intentar dejar un mundo mejor a las futuras generaciones.

Si ahora hablara con Sanofi, podría decir que soy intangible, replicable y prescindible.

Por esta razón, nos adentramos en el penúltimo capítulo de este libro, titulado **La belleza de lo prescindible**.

C. LIDERAZGO: LA BELLEZA DE LO PRESCINDIBLE

Si conseguimos ser prescindibles, hemos liderado correctamente

A los 29 años me uní a una organización internacional de jóvenes emprendedores de entre 18 y 40 años llamada *Junior Chamber Interna-*

tional (JCI). Una de las características más relevantes de esta organización era la idea de que **ser prescindible** forma parte de la cultura y la esencia de la organización.

JCI, presente en más de 120 países y en más de 5.000 ciudades alrededor del mundo, es una organización global que reúne a aproximadamente 200.000 jóvenes emprendedores, líderes y profesionales comprometidos con el cambio positivo en sus comunidades.

Esta interesante red internacional, caracterizada por su diversidad cultural y geográfica, plantea un gran desafío en cuanto a su gestión y coordinación. La magnitud de esta estructura, con su amplia presencia, hace que gestionar las iniciativas, proyectos y líderes en tantos lugares diferentes requiera un enfoque organizacional flexible, adaptable y eficiente.

A pesar de la complejidad de operar en un entorno tan amplio, JCI ha logrado crear un modelo de liderazgo único que es clave para su éxito: la renovación anual de su equipo directivo a todos los niveles, tanto local como nacional e internacional. Esto significa que, aunque los miembros son fundamentales para el funcionamiento de la organización y sus contribuciones son valiosas, la permanencia en los roles de liderazgo es temporal.

Cada año, los puestos de liderazgo, desde las juntas directivas locales hasta el presidente mundial, se renuevan a través de un proceso. Este sistema garantiza la entrada de nuevas ideas y enfoques constantemente, lo que permite que JCI evolucione y se mantenga siempre relevante en un mundo en cambio. La estructura de liderazgo anual también asegura que ningún miembro sea indispensable, promoviendo la idea de que la organización es más grande que cualquier individuo.

Este ciclo continuo de renovación genera un dinamismo interno que motiva a los líderes a dar lo mejor de sí durante su mandato, sabiendo que tienen un tiempo limitado para dejar su huella. Al final de su período, los líderes deben transmitir su experiencia al siguiente equipo, asegurando una transición fluida y fortaleciendo el legado de JCI.

Este modelo de liderazgo, basado en la **prescindibilidad**, fomenta una cultura de responsabilidad, colaboración y adaptación, que es clave para la sostenibilidad y el impacto a largo plazo de la organización en todo el mundo.

Es decir, llega un día en que tomas clara conciencia de que todos somos prescindibles y de que lo verdaderamente imprescindible es la organización.

Si has sido presidente de la institución, llega un momento en que dejas de serlo. Pasas a ser *past* presidente, y tu misión *es apoyar al nuevo presidente y ponerte a su servicio.* Esto te obliga a dar lo mejor de ti durante tu mandato y, al finalizar, te impulsa a transmitir todo tu conocimiento y experiencia a quien te sucede, apoyándole desde un rol prescindible.

Con el paso de los años, he entendido que el concepto de ser prescindible es una de las ideas más bellas que existen, porque transmite seis puntos clave que están entre la extinción y la evolución, entre el mamut y el humanoide. Son los siguientes:

- La evolución implica transformación.
- La transformación requiere liderazgo.
- El liderazgo demanda alto rendimiento.
- El alto rendimiento exige dejar un legado.
- La evolución es el legado.
- Y el legado **nos hace prescindibles**.

A lo largo de la historia de la humanidad, hemos visto cómo nos movemos entre dos extremos que nos exigen dar lo mejor de nosotros mismos. Por un lado, existe el riesgo de extinción, de ser engullidos por el entorno. Por otro, tenemos la capacidad de aplicar nuestra inteligencia para crear herramientas que nos permiten mejorar y sobrevivir para evolucionar.

Hace millones de años, los *sapiens* fabricaban hachas y fuego con piedras y palos. Hoy, esos mismos *sapiens*, tras miles de años de evolución, siguen avanzando, pero ahora con nuevas herramientas digitales, como la inteligencia artificial y los humanoides.

Esta transformación ha exigido que las personas se lideren mejor a sí mismas, que sean capaces de liderar a sus equipos y a sus organizaciones y, en última instancia, a la sociedad. Pero en este liderazgo hemos aprendido que no basta simplemente con transformarse; se necesita algo más: se debe aspirar a la excelencia, al bienestar y a la sostenibilidad en el tiempo.

Y, de nuevo, llegamos al punto de asumir que las nuevas herramientas, como la inteligencia artificial y los humanoides, están aquí para ayudarnos a no extinguirnos como los mamuts, para permitirnos evolucionar.

Si lideramos y transformamos de manera sostenible en el tiempo, seremos capaces de dejar una huella y un legado a las personas que nos sucedan. Ellos, sin duda, nos mejorarán, porque la evolución lo permitirá.

Lo más importante de todo, y lo que conecta con este capítulo, es que este legado nos hace prescindibles. Y, precisamente por ser prescindibles, permitimos que otras personas y organizaciones puedan crecer.

Si apostamos por ser prescindibles, por ayudar y acompañar a otros a crecer, se evolucionará y se crecerá más.

Quizás algunos de vosotros os preguntéis: «*Si somos prescindibles, ¿qué haremos ahora?*». La respuesta es sencilla:

1. Primero, **descansemos**.
2. Segundo, **volvamos a empezar**.
3. Y tercero, **sigamos caminando con mamuts, *sapiens* y humanoides**.

Primero, **descansemos**. En un mundo que constantemente nos impulsa hacia el movimiento y la productividad, el descanso es esencial, y las pausas programadas deben formar parte de nuestro día a día.

Segundo, **volvamos a empezar**. Después del descanso, viene la acción. No importa cuántas veces hayamos llegado a la meta o cuántos desafíos hayamos superado; siempre habrá nuevas oportunidades para avanzar y aprender. La vida es un ciclo constante de reinvención, y cada nuevo comienzo trae consigo la posibilidad de mejorar lo que antes parecía inmejorable, de redescubrirnos y de seguir creciendo.

Y tercero, **sigamos caminando con mamuts, *sapiens* y humanoides**. La evolución no se detiene; seguimos moviéndonos, adaptándonos y avanzando en este viaje continuo. Los mamuts representan el pasado y las lecciones aprendidas, los *sapiens* simbolizan el presente y nuestras capacidades humanas, mientras que los humanoides encarnan el futuro y las herramientas tecnológicas que nos permiten trascender.

D. ORGANIZACIONES: DE SILOS A BOSQUES

Abrir las ventanas de nuestras organizaciones

El viaje que hemos realizado durante el libro nos demuestra que, si realmente queremos abordar la transformación que nos rodea y obtener el máximo rendimiento de la tecnología y la inteligencia artificial, debemos apostar claramente por las tres conclusiones que acabamos de comentar.

La **digitalización** ha evolucionado más allá del simple *copiar-pegar*. Hoy, la verdadera transformación digital implica un enfoque de *transformar-pegar*, donde la tecnología no solo replica procesos, sino que los reconfigura para agregar valor, eficiencia y creatividad.

En este contexto, las **personas** juegan un papel clave: el poder de lo replicable no reside en la automatización, sino en la capacidad de los individuos para multiplicar buenas prácticas y adaptarlas, convirtiéndose en catalizadores del cambio.

Finalmente, el **liderazgo** se redefine como la belleza de lo prescindible: los líderes verdaderamente efectivos no crean dependencia, sino que empoderan a sus equipos para que el sistema funcione incluso en su ausencia, demostrando que el liderazgo más fuerte es aquel que sabe cuándo dar un paso atrás y es capaz de dejar un legado.

Y en este punto, deberíamos preguntarnos: *¿Falta algo más para finalizar la transformación y hacer que esta se integre en todas las capas y estancias de la organización?*

Después de analizarlo y debatirlo con muchas personas que están dirigiendo organizaciones, hemos concluido que el punto final para consolidar el cambio es *eliminar los silos que se generan dentro de las organizaciones.*

Los silos son esos compartimentos estancos dentro de las organizaciones que pueden llegar a ser una realidad paralizante contraria al cambio, que generan un exceso de estrés y reflejan unos problemas graves de comunicación dentro de la organización.

Para tomar conciencia de esta situación, solo tenemos que pensar en reuniones o conversaciones más o menos informales, en las que seguro que hemos escuchado frases como:

- «Los departamentos no se comunican».
- «Esto no es nuestro departamento, no nos toca a nosotros».
- «No compartimos información con ellos, no es relevante para nuestro equipo».
- «Es difícil colaborar con ellos porque hablan un *idioma* diferente».
- «No tenemos contacto con nadie de fuera de nuestro equipo, solo trabajamos con los mismos de siempre».

Y otras tantas frases indicativas de una falta grave de comunicación y colaboración entre distintos equipos o departamentos.

Los silos no solo frenan el cambio, sino que terminan generando guerras internas y perpetuando la ineficiencia. Además, mientras los silos se fortifican, el entorno exterior es cada vez más volátil, incierto y cambiante.

Las organizaciones que permanecen ancladas en silos se vuelven inflexibles, y esta desconexión con la realidad aumenta la ansiedad y los problemas de salud, tanto a nivel individual como colectivo, con lo que la organización se acerca más a la extinción que a la evolución.

Debemos preguntarnos: *¿La solución pasa por romper estos silos de forma agresiva o bien por un proceso bien gestionado que permita transformar esos silos cerrados en bosques abiertos?*

Al otro extremo de los silos están los bosques, que son un ecosistema diverso, abierto y en constante evolución gracias al crecimiento de los árboles y, sobre todo, a la interconexión entre ellos con sus raíces y sus ramas para así ser más fuertes como comunidad. Los árboles de un bosque, aunque diferentes, conviven en armonía, conectados por sus raíces y su interacción con el entorno.

Es aquí donde surge la metáfora clave: **si queremos que nuestras organizaciones sobrevivan y prosperen, necesitamos transformar esos silos en bosques**.

Y para lograrlo, debemos cambiar cinco aspectos fundamentales:

1. De metal a piel.
2. De rígido a moldeable.
3. De superficial a terrenal.
4. De soporte a raíces.
5. De escaso a regenerado.

Debemos transformar el metal, la rigidez, la superficialidad y la escasez de los silos en la piel, lo moldeable, lo terrenal y lo expansible de los bosques. Los silos representan estructuras rígidas y cerradas, diseñadas para que todo lo que sucede dentro de ellos sea inamovible.

En cambio, los bosques son piel, emoción, una conexión profunda con lo humano y con el entorno. Son transpiración, crecimiento y adaptación constante, elementos que nos permiten conectarnos de manera genuina con la realidad que nos rodea.

Es crucial empezar a transformar partes de estos silos metálicos en ventanas de piel que interconecten a las personas, departamentos y unidades de negocio. Los silos, con su rigidez, permanecen inmóviles ante los cambios, mientras que los bosques, por su naturaleza moldeable y adaptable, saben reaccionar ante las fuerzas externas, como el viento, sin quebrarse.

Además, debemos aprender del bosque en términos de humildad e interconexión con la tierra. Los silos se elevan por encima del suelo, separados de lo terrenal, mientras que los bosques tienen raíces que se extienden bajo la tierra, conectando con otras raíces y formando redes que les permiten sobrevivir a las adversidades.

Esta capacidad de regeneración y crecimiento orgánico es lo que las organizaciones deben replicar: pasar de ser estructuras rígidas y limitadas a ser ecosistemas dinámicos que se nutren y se regeneran, convirtiéndose en entornos más fuertes, saludables y sostenibles.

¿Y cómo conectan estos silos y bosques con los mamuts y los humanoides?

Las empresas que operan en silos tienden a aislar sus departamentos y equipos, limitando la comunicación y el flujo de información entre ellos, con lo que al final se acaban quedando quietos, rechazan el cambio y, por lo tanto, se acercan a unos momentos de crisis o extinción.

Por el contrario, los *sapiens* que vivían en el bosque, en un entorno abierto y cambiante, desarrollaron la capacidad de evolucionar y adaptarse rápidamente. La vida en el bosque exigía colaboración, comunicación y flexibilidad, lo que fomentaba la construcción de redes sociales y el intercambio de conocimientos. Esta apertura al entorno y la capacidad de aprender de manera continua permitieron a los *sapiens* no solo sobrevivir, sino también prosperar y evolucionar hacia formas de organización más complejas y eficaces.

Al integrar a los humanoides, estos robots inteligentes, en el entorno laboral, las personas pueden enfocarse en la resolución de problemas que requieren el valor humano, a potenciar la innovación y a fomentar la colaboración, lo que contribuye a una cultura organizacional más dinámica y flexible.

Aprovechemos el momento actual para derribar los máximos silos que podamos o sean necesarios, pero, sobre todo, y lo más importante: hagamos de las dificultades oportunidades y transformemos estos silos en bosques, en los que puedan caminar mamuts, *sapiens* y humanoides.

8. EPÍLOGO

Y ahora, ¿qué?

Queridos y queridas lectores, *sapiens*, mamuts y humanoides,

Hemos llegado al final de este libro, en el que he intentado plasmar todo aquello que puede ser de utilidad para *transformarnos a nosotros mismos y, así, poder transformar nuestras organizaciones.*

Hemos explorado cómo desarrollar la mentalidad de las personas y cómo, gracias al método, podemos prepararnos para integrar en nuestro día a día todas las oportunidades que nos brindan la inteligencia artificial y los humanoides.

Hemos analizado los aprendizajes y las mejores aplicaciones de estas herramientas en las organizaciones, y compartido casos reales de aquellas que ya han recorrido o están recorriendo este camino.

Pero ahora, surge la pregunta: **y ahora, ¿qué?**

La respuesta es sencilla de comprender, pero no tan fácil de llevar a cabo:

- Apuesta firme.
- Trabajo, trabajo y más trabajo.
- Foco en las virtudes.
- Autocontrol.
- Y seguir trabajando.

Ya sea como apuesta personal u organizacional, el primer paso es comprometerse firmemente con este proceso. Aceptemos que, para que las cosas sucedan y la transformación se materialice, es imprescindible *trabajar, trabajar y trabajar.*

Es importante destacar que presumir de valores como ser innovador, audaz o arriesgado está muy bien, pero la verdadera clave es convertir esos valores en virtudes. ¿Qué significa esto? Que hemos sido capaces de transformar palabras o intenciones en acciones concretas, ejecutadas y materializadas. En otras palabras: cumplir lo que decimos.

Y, por supuesto, necesitamos mucho autocontrol y autogestión personal en medio de esta complejidad y aceleración que nos rodea. En mi caso, como ya sabéis, encuentro esta inspiración en los monasterios, algo que relato en *Conexión Monástica* y en mi pódcast *El Claustro*, disponible en Spotify y Apple Podcasts.

Finalmente, recuerda: siempre hay margen de mejora. El viaje no termina aquí; seguimos trabajando para custodiar nuestra esencia humana en un mundo en constante evolución repleta de tecnología como actualmente es la IA.

Gracias por acompañarme en este camino.

¡Besos a todos y todas, y sigamos caminando juntos!